가장 큰 열정으로 이 책의 추천사를 쓰게 된 것을 아주 기쁘게 생각한다. 나는 샘이 이 책을 완성하기만을 손꼽아 기다려 왔고 그는 기대를 저버리지 않았다. 그는 타락했으나 새로워질 몸으로 살아간다는 것의 모든 측면을 포괄적이면서도 성경적으로 제시해 냈다. 그의 명료한 글 역시 읽는 즐거움을 더해 준다. 타락한 몸으로 인해 겪는 온갖 종류의 고통에 샘은 넘치는 이해심으로 따뜻하게 공감한다. 새로운 것을 배우고 성장하리라는 기대를 안고 이 책을 읽으라.

_ 캐시 켈러(Kathy Keller)
  리디머장로교회 커뮤니케이션 부디렉터

우리 문화의 혼란스러운 점 중 하나는 우리 몸을 어떻게 볼 것인가이다. 우리 신앙이 말씀이 육신이 된 분을 중심으로 하고 있음에도 이 혼란은 교회에도 영향을 미친다. 이 지혜롭고 실제적인 책을 통해 샘 올베리는 동물적이거나 기계적이지 않고, 창조적이고 그리스도에 대한 이해로 몸을 보는 관점을 제시한다. 이 책을 읽고 나면 섭식장애에서부터 트랜스젠더 논란과 트랜스휴머니즘 논란에 이르기까지, 그리고 더 본질적인 질문인 '영혼'과 '몸'을 어떻게 복음에 입각해 생각할 수 있을지를 더 잘 알게 될 것이다. 우리에게 이르신 "이는 너희를 위해 쪼개어진 내 몸이란다"라는 그분의 말씀에 더 큰 경외와 놀라움을 금치 못하게 될 것이다.

_ 러셀 무어(Russell Moore)
  미국 남침례회 윤리와 종교적 자유 분과장

복음주의자들에게는 여러 장점이 있지만 몸을 신학적으로 풀어내는 것은 포함되지 않는다. 만약 당신이 "나는 교회에 관한 책은 많이 보았어요!"라고 말한다면 내 주장이 틀리지 않았다는 것을 방증해 준 셈이다. 그리스도의 영적 몸에 대해 보여 준 관심은 우리 육신적 자아에 대해 보인 관심에 비할 바 없이 크다. 그러나 이 분야에 인도의 손길이 절실하다. 우리가 사는 이 혼란스러운 시대는 몸에 대한 집착('내 몸은 나에게 가장 중요한 것이야')과 부인('내 몸은 내가 누구냐와 아무런 상관이 없어') 사이에서 어지럽게 흔들리고 있기 때문이다. 머리가 아픈가? 이 책이 적합한 약이 될 것이다. 이 책이 나와서 너무나 기쁘다.

_ 맷 스메서스트(Matt Smethurst)
복음연합 편집장, 『집사들』(Deacons)과 『당신이 성경을 펼치기 전에』(Before You Open Your Bible) 저자

이 책은 모든 곳에, 모든 사람에게 좋은 소식이다. 오늘날 여성의 몸에 대한 책이 쏟아져 나오고 있다. 남성에게도 몸이 있다. 그러나 남자의 몸에 대한 관점은 주로 무시당한다. 샘의 글을 자신의 몸과 다른 사람들의 몸에 대해 더 많이 생각하고자 하는 모든 사람에게 추천한다.

_ 로어 퍼거슨 윌버트(Lore Ferguson Wilbert)
『조심스럽게 다루라: 예수께서 삶과 사역에서 접촉의 힘을 사용하신 법』(Handle with Care: How Jesus Redeems the Power of Touch in Life and Ministry) 저자

매력적이다. 인용할 만하다. 지금 시기에 적절하면서도 어느 시기에나 해당되는 이야기다. 『하나님은 우리 몸에 대해 뭐라고 말씀하실까?』는 우리 몸에 대해 매우 긍정적이고 희망적이면서도 몸으로 인해 고통받는 사람들에게, 특히 몸의 귀속감이 깨어진 사람들에게 매우 따뜻하다. 목회 현장에서 오랜 기간 진솔하게 대화하며 형성된 것이 틀림이 없다. 올베리는 그렇게 어려운 질문들을 수용하고 지혜롭고 균형 잡힌 가르침을 준다. "우리는 우리의 몸으로 그리스도를 신뢰할 수 있다"는 그의 핵심 주제는 당신에게 확신과 영감을 줄 것이다.

_ 앨러스데어 그로브스(Alasdair Groves)
기독교 상담과 교육 기구 총괄 디렉터, 『매인 감정 풀기』(Untangling Emotions) 공저자

목회자이자 신학자인 샘 올베리는 교회에 선물 하나를 주었다. 하나님과 연관된 아름다움과 질감을 한껏 담아 우리를 몸을 입은 사람으로 만들어 주는 이 책이 그것이다. 너무 오랫동안 복음주의자들은 우리의 구현과 제자도에서 우리 몸이 얼마나 필수적인 요소인지 그 중요성을 간과해 왔다. 그래서 교회 안팎으로 많은 문화적 혼란이 계속되고 있다. 우리는 여전히 몸이라는 선물을 오해했고 몸이 하나님에 관해 우리에게 가르쳐 주는 메시지를 오해했기 때문이다. 샘 올베리는 이 간극을 유능하게 회복시킨다. 이 책을 읽으라.

_ 앤드루 T. 워커(Andrew T. Walker)
남침례신학교 기독교 윤리 부교수. 윤리와 공공 정책 센터 특별회원

하나님은
우리 몸에 대해
뭐라고
말씀하실까?

What God Has to Say about Our Bodies

Copyright © 2021 by Sam Allberry
Published by Crossway
a publishing ministry of Good News Publishers
Wheaton, Illinois 60187, USA

This Edition published by arrangement with Crossway
through rMaeng2, Seoul, Republic of Korea.
All rights reserved.

This Korean edition copyright © 2022 by Word of Life Press,
Seoul, Republic of Korea

이 한국어판의 저작권은 알맹2를 통하여
Crossway와 독점계약한 생명의말씀사에 있습니다.
신저작권법에 의하여 한국 내에서 보호 받는 저작물이므로
무단전재와 무단복제를 금합니다.

하나님은 우리 몸에 대해
뭐라고 말씀하실까?

ⓒ **생명의말씀사** 2023

2023년 1월 30일 1판 1쇄 발행

펴낸이 | 김창영
펴낸곳 | 생명의말씀사

등록 | 1962. 1. 10. No.300-1962-1
주소 | 서울시 종로구 경희궁1길 6 (03176)
전화 | 02)738-6555(본사)·02)3159-7979(영업)
팩스 | 02)739-3824(본사)·080-022-8585(영업)

기획편집 | 박경순
디자인 | 김혜진
인쇄 | 예원프린팅
제본 | 보경문화사

ISBN 978-89-04-16818-7 (03230)

저작권자의 허락없이 이 책의 일부 또는 전체를
무단 복제, 전재, 발췌하면 저작권법에 의해 처벌을 받습니다.

복음이 열어 주는 몸에 대한 새로운 시각

샘 올베리 지음 | **황영광** 옮김

하나님은 우리 몸에 대해 뭐라고 말씀하실까?

What God Has to Say about Our bodies

가장 사랑하는 나의 몸,
이매뉴얼 내슈빌 교회 가족들에게.
매주 복음의 가르침과 문화로
내가 예수님을 모르는 척 못 하게 해 줘서
고마워요. 사랑합니다.

추천사　폴 데이비드 트립　12
서문　18

PART. I 창조된 몸

01 오묘하고 놀랍게 만드시다　　　　　　21
　　: 몸과 창조주

02 사람은 외모를 본다　　　　　　　　　53
　　: 몸과 정체성

03 남자와 여자를 창조하시고　　　　　　79
　　: 몸과 생물학적 성

04 하나님이 사람을 만드시다　　　　　　101
　　: 몸과 젠더

PART. 2 깨어진 몸

05 허무에 굴복하다   127
  : 몸, 고통, 그리고 수치

06 죄로 인해 몸이 죽다   149
  : 몸, 죄, 그리고 죽음

07 나를 위해 준비하신 몸   179
  : 예수님의 깨어진 몸

PART. 3 구속받은 몸

08 성령의 전   205
: 몸과 그리스도

09 산 제물로 살기   229
: 몸과 제자도

10 그분의 영광스러운 몸처럼   265
: 몸과 장차 올 부활

감사의 말   286
주   288

추천사

자신이 쓰지 않은 책의 추천사를 쓰는 것은 본질적으로 위험하다. 읽어 보기 전에 추천사를 쓰겠다고 동의해야 한다. 하지만 이번에는 아무 두려움 없이 승낙했다. 샘 올베리를 알기 때문이다. 깊고 명료하며 실질적인 그가 내는 복음의 목소리에 무한한 존경심을 가지고 있다.

당신에게 좋은 소식이 있다. 당신이 이제 읽을 이 책은 잘 쓰였고 문화적으로 의의가 있으며 읽기 쉬울 뿐 아니라 매우 중요하다. 모든 목회자, 사역 지도자, 부모나 인간 공동체에서 지금의 육체적 혼란을 지나 자신의 길을 생각하고 싶어 하는 그리스도인이라면 누구나 책상 위에 두어야 할 책이다.

이 책이 어째서 그렇게 중요한지 알려 주겠다. 예수 그리스도의 복음은 우리의 등장과 퇴장에 관한 메시지 그 이상이다. 복음은 자주 '그 시절 복음'으로 축소된다. 그때 우리는 은혜로 죄를 깨닫고 하나님께 용서받고 그분과 화해하기 위해 그리스도를 믿었다. 또는 '장차 올 복음'으로 축소된다. 은혜로 보장받은 그 영광스러운 운명 말이다. 많은 신자가 '그 시절 복음'

과 '장차 올 복음'은 아주 잘 이해한다. 그러나 그들은 이 두 복음 사이에서 커다란 간극을 두고 살아간다. 그들은 삶의 의미와 복음의 역사가 지금 이곳에서 일어나는 모든 일을 어떻게 생각하고 그것들에 어떻게 반응해야 할지를 바꿀 수 있다는 사실을 알지 못한다. 슬프게도 많은 그리스도인은 지속적으로 복음 망각에 시달리며 살아간다. 우리 주변에서 얼마든지 찾아볼 수 있는 예다.

내가 써 온 글들은 대부분 예수 그리스도의 복음이 지닌 현재성이 어떻게 기혼 커플, 부모, 그리스도인 지도자, 인생 중반을 넘어가는 사람, 그리고 성적 영역이나 경제적 영역에서 고통을 겪는 사람 들에게 적용되는지 풀어내려 한 것이었다. 복음은 그리스도 예수 안에 있는 하나님의 구속의 은혜에 관한 이야기다. 이 이야기는 우리 삶의 모든 영역을 볼 수 있는 관점을 제공한다. 회심의 '이미'와 본향으로 돌아갈 '아직' 사이를 살아가는 우리에게, 예수 그리스도의 복음은 이 세상을 해석하게 해 주는 하나님이 주신 최고의 해석 도구다. 우리 자신

그리고 우리가 이 깨어진 세상에서 살아가며 마주하는 모든 일의 의미를 알려 준다. 진부하게 들릴 수 있겠지만, 나는 기회가 있을 때마다 사람들에게 복음의 안경을 쓰고 삶에서 일어나는 일들을 바라보고, 그 렌즈로 보았을 때 어떻게 달라 보이는지 알아야 한다고 말해 왔다.

지금까지 말한 것을 『하나님은 우리 몸에 대해 뭐라고 말씀하실까?』보다 더 잘 보여 주는 본은 없으리라 생각한다. 이 책이 정말 좋은 이유는 문화적으로, 영적으로 가장 중요한 문제인 몸의 문제를 복음의 렌즈를 통해 볼 수 있도록 해 주기 때문이다. 문화가 야기하는 혼란의 핵심을 파고들어 우리가 하나님의 형상으로 창조된 피조물로서 자신이 누구인지 명확한 답을 얻게 해 준다. 또한 내가 매우 감사하게 생각하는 것은 샘이 이 작업을 해 나갈 때 신학적으로 오만하거나 멋진 척하거나 누군가 하고 있을 깊은 정체성 고민을 아무렇지 않게 여기거나 문화 전쟁을 벌이려고 하지 않는다는 점이다. 이 책은 복음의 **메시지**로 가득 차 있을 뿐 아니라 복음의 **성품**마저도 닮아 있다.

덕분에 더할 나위 없이 접근하기 좋고, 설득력 있고, 격려가 되며, 동기부여가 되고, 소망을 얻게 해 준다.

내 저술 사역 대부분은 마음을 위해 복음을 풀어내는 데 할애된다. 마음까지 내려가지 않는 변화는 일시적인 행동의 수정일 수는 있어도 참된 변화일 수 없기 때문이다. 오늘날 삶의 다양한 영역에 이 메시지를 적용해 왔지만 그럴 때마다 언제나 우려되었다. 복음을 지나치게 영적인 것으로 제시해 몸을 부정적으로 보지는 않더라도 경시하는 기독교 문화를 남기지는 않을까 하는 우려였다. 우리가 사람들을 그저 육체 없는 마음으로 보게 되지는 않을까 하는 우려였다. 몸을 배제하거나 경시하는 영혼을 위한 복음은 성경이 말하는 복음이 아니다. 몸의 신학(a theology of the body)이 빠진 복음은 한 부분이 잘려 나간 온전하지 못한 복음이다. 몸의 신학을 단단히 지니지 못한 교회는 이 세대가 직면한 철학적, 심리학적, 사회학적, 과학적 도전과 미디어의 도전을 견뎌 낼 수 없을 것이다.

우리는 사회가 교회를 향해 유례없이 많은 질문을 던지는 시대에 살고 있다. 이런 질문을 생각하지 않고 소셜미디어에 접속하거나 넷플릭스에서 영화를 시청하거나 디지털 신문을 읽는 것이 불가능해졌다. **우리는 누구인가? 우리 몸은 어떤 의미를 지니는가? 섹스에 무슨 의미가 있는가? 그래서 젠더는 무엇인가?** 이런 논의를 두려워할 필요는 없다. 혼란스러워할 필요도 없다. 하나님이 말씀을 통해 이 질문들에 대답하셨기 때문이다. 답은 역사적 이야기로, 하나님의 선포로, 지혜의 원리로, 하나님의 명령과 약속으로 성경의 모든 페이지에 흩어져 있다. 문화적으로 불안정한 이때는 우리에게 기회의 때다. 우리는 부드러운 사랑의 마음과 자비로 나아갈 수 있고, 어려움 속에서도 확신 있게 말할 수 있다. 하나님이 명확하게 말씀하셨기 때문이다.

앞서 말했듯이 당신이 지금부터 읽을 이 책은 매우 중요하다. 몸의 신학을 탄탄하게 제공해 줄 것이기 때문이다. 이 책이 난해하고 학문적이고 비인격적인 설명을 하리라는 말이 아니다. 일상의 먼지가 묻은 신학을 말하는 것이다. 당신이 사는 곳에서 살며 당신이 발버둥 치는 곳에서 말하는 신학이다. 자비롭고 온유한 동시에 담대하고 명료한 신학이다. 당신 자신을 이해할 수 있도록 돕고, 당신이 하나님께 감사하고 그분의 지혜의 말씀과 그 아들로 인해 감사하게 하는 신학이다. 그 아들은 우리에게 몸의 위엄과 인간성을 나누어 주신 분이다.

나는 이 책, 『하나님은 우리 몸에 대해 뭐라고 말씀하실까?』의 출간에 감사한다. 책을 다 읽을 때쯤 당신도 동일하게 생각할 것이다. 갈수록 벌어지는 문화적 괴리에 대해 이보다 더 명료하고 매력적으로 쓴 책을 생각해 낼 수 없다. 이 책으로 인해 생각이 분명해질 뿐 아니라 동산에서 우리 몸을 만드시고 본향에 어울리는 새 몸을 주실 그분을 향한 감사와 경배로 마음이 가득 차오르기를 기도한다.

2020. 12. 3.
폴 데이비드 트립(Paul David Tripp)
목회상담센터, 폴트립미니스트리 대표
『지금 누리는 하나님 나라』 등 저자

서문

 우리가 몸에 관심을 가질 때는 몸에 문제가 생겼을 때다. 전에 없던 아픔이 생겼을 때다. 또는 우리 외모의 어떤 측면이 지금과는 달랐으면 하고 자각했을 때다. 다른 때에는 그다지 의식하지 않지만 대체로 만족한다.
 어린 시절 학교의 생물 시간이 떠오른다. 그때 처음으로 인체 내부를 본뜬 플라스틱 모형을 보았다. 골격, 조직, 내장 등등 말이다. 궁금증이 솟아나면서도 불쾌했던 기억이 난다. 너무나 복잡하고 난해하면서도 약간 역겨웠다. 그것들이 모두 내 안에 있다고 생각하니 기분이 이상했다. 더는 알고 싶지 않아졌다. 병원에 가야 할 문제가 생기자 그제야 의사 선생님이 내게 해 주는 말을 이해할 수 있어야 한다는 사실을 깨달았다. 하지만 그전에 나는 대체로 무지 가운데 행복했다.
 우리는 기대대로 움직여 주지 않을 때 몸에 관심을 갖는 경향이 있지만, 영적인 문제에 관해서도 몸을 무시하기 쉽다. 심지어 **영적**이라는 표현 자체가 비물질적인 것을 이야기하고 있음을 시사하니 말이다. 그러다 보니 내가 몸에 대한 기독교 서적을 쓰고 있다고 말하면 많은 사람이 의문에 가득 찬 표정을 지었다. 마치 이렇게 말하는 듯했다. "교회 말이죠? 교회가 어떻게 몸과 같은지 쓰신다는 거죠?" 이 주제가 실제 우리 몸에 대한 책보다 더 익숙하다.

그래서 이 글을 쓰고 있다. 누군가는 먼저 성경이 얼마나 우리 몸에 관해 이야기를 많이 하는지 보고 놀랄 것이다. 그다음은 예수 그리스도의 복음이 어떻게 우리 몸에도 **좋은 소식**이 되는지에 놀랄 것이다.

당신의 몸 그리고 나의 몸은 그냥 있기 때문에 있는 것이 아니다. 하나님께 의미를 지닌 것이다. 그분은 몸을 아시고, 만드셨다. 그분에게 몸은 중요하다. 그리스도께서 그분의 죽음과 부활을 통해 하신 모든 일은 언젠가 우리가 몸에서 **탈출**하게 하기 위해서가 아니라 그분으로 인해 몸이 **구속**받게 하기 위해서였다. 성경이 말하는 우리의 몸은 영적으로 무관하지 않고 유의미하며(신약에서 제자도의 많은 부분이 몸에 해당하는 표현으로 설명된다) 우리를 위한 하나님의 영원한 계획의 일부다.

PART . I

창조된 몸

01

오묘하고 놀랍게 만드시다

몸과 창조주

미국인 친구들과 어디가 더 살기 좋은지 즐겁게 토론할 때면 (나는 영국인이다) 언제나 내가 지는 것 같은 느낌을 받는다. 물론 영국에서의 삶도 좋은 점이 많다. 우리에겐 밀크티, 펍, 온화한 날씨, 왁스 맛이 안 나는 초콜릿과 플라스틱으로 만들지 않은 성이 있다. 미국도 만만찮다. 긍정주의, 맛난 레모네이드, 고객 서비스, 우리보다 나은 치과, 그리고 그랜드 캐니언(Grand Canyon).

그러나 이 불쌍한 영국인이 질 것 같을 때 박싱데이(Boxing Day)가 결정적인 것이 된다. 영국에서 12월 26일은 공휴일이며 내가 가장 좋아하는 날 중 하나다. 흥분되고 음식이 잔뜩 있는 크리스마스 당일을 보낸 후 맞이하는 박싱데이(이렇게 부르는 이유는 가난한 사람들에게 줄 선물을 상자에 싸는[boxing] 날이기 때문이다)는 숨을 좀 고를 수 있는 날이다. 여유로운 마음을 가지고 어제 받은 선물들을 뜯어 보며 즐길 수 있는 날이다. 사촌들과 대화하고 개 산책도 시키고 말이다. 다시 말해 크리스마스 분위기는 즐기면서 더 우아한 느낌을 낼 수 있는 날이란 얘기다. 할 일이 많지만 그렇다고 급하게 꼭 해야 할 일은 없는 그런 날이다.

이 글을 쓰고 있는 오늘이 박싱데이다. 어제는 크리스마스였다. 교회에서 우리는 사도 요한이 수년 전 베들레헴에서 일어난 일을 기가 막히게 요약한 말씀을 들었다. "말씀이 육신이 되어 우리 가운데 거하시매"(요 1:14). 이것이 곧 크리스마스 이면의 선포다. 하나님이 사람이 되셨다. 많은 사람에게 하나님이 계시다는 것 자체가 엄청난 충격이다. 그러나 요한이 이 말을 했던 당시나 오늘날 우리에게나 더 충격적인 것은 하나님이 행하신 일이다. 그분이 육신이 되셨다. 신학자들은 이를 '성육신'(incarnation)이라 부른다.

기독교 신앙의 중심에는 그리스도께서 우리와 같은 모습으로 이 땅에 오셔서 우리 죄를 위해 죽으시고, 새로운 생명으로 부활하시고, 우리를 하나님과의 교제로 이끄시며, 잘못된 모든 것을 바로잡으신다는 믿음이 있다.

그런데 이 신앙의 중심에는 우리가 항상 보지 못하는 곳에

꼭꼭 숨겨진 내용이 있다. 바로 예수님이 우리와 같이 되시려면 **육신**이 되셔야 한다는 사실이다. 인간이 되려면 인간의 몸이 되셔야 했다.

몸이 되는 것은 몇 년 만에 이루어지지 않는다. 이론상 그분은 곧바로 제자들을 모으고 하나님 나라에 관해 가르치고 십자가로 향하기 위해 이미 다 갖추어진 30대 남자로 나타나실 수도 있었다. 그러나 정말로 우리와 같이 되시려면 더 많은 조건이 필요했다. 참으로 인간이 되시기 위해 예수님은 포궁 속 태아가 되셔야 했다. 아기 침대의 아기가, 걷기를 배우기 위해 넘어지기도 하는 영아가, 사춘기를 통과하는 십 대가, 그리고 온전히 장성한 남성이 되는 과정을 겪으셔야 했다. 단지 육신을 입으시는 것만으로는 충분하지 않았다. 참으로 육신이 되셔야 했다.

예수님의 성육신은 인간 몸이 얻을 수 있는 최상의 칭송을 받은 것이다. 하나님은 우리 몸을 생각해 내시고 수십억 개의 몸이 함께 생활하는 것을 즐거워하셨을 뿐 아니라 자신을 위해서도 하나를 만드셨다.

그리고 이 일은 크리스마스 때만 일어나지 않았다. 예수님의 몸은 내가 크리스마스 때만 명절 분위기를 내기 위해 꺼내 입는 스웨터 같은 것이 아니었다. 그분의 몸은 생명을 위한 것이었고 그 이상을 위한 것이었다. 죽음 후에 그분은 몸으로 다시 사셨다. 부활 후에도 하늘에 계신 아버지께 몸으로 돌아가셨다. 하늘로 올라가실 때 (N. T. 라이트의 표현을 빌리자면) 우주 왕복선이 부스터 로켓을 버리고 올라가듯 자신의 인간 됨을 버리지 않으셨다. 크리스마스에 인간이 되신 것은 일시적인 것이 아니었다. 그것은 영원히 계속될 것이었다. 지금 하늘의 가장 중심에 계신 아버지 하나님의 우편에는 인간 몸이 앉아 있다.

몸은 중요하다. 예수님은 몸 없이 인간이 되실 수 없었다. 또한 우리도 몸 없는 참된 기쁨의 삶을 기대할 수 없다. 그분의 몸이 중요하다는 사실은 나와 당신의 몸도 중요하다는 방증이다. 그분은 구속할 가치가 충분히 있는 것 그 자체가 되셨다. 그분은 사람들의 육체를 취하시지 않고는, 그리고 스스로 그 육체를 취하지 않고는 인간들을 취하실 수 없었다.

C. S. 루이스는 이를 깔끔하게 요약한다.

기독교는 주요 종교들 중 몸을 높이는 거의 유일한 종교다. 물질은 선하며 하나님 자신이 몸을 입으셨고 천국에서도 우리에게 어떤 형태로든 몸이 주어질 것이며 그 몸이 우리 행복과 아름다움과 힘에 매우 필수적인 역할을 하리라고 가르친다.[1)]

이 가르침은 기독교를 특별하게 만드는 요인 중 하나다. 다른 종교적(또는 비종교적) 신앙 체계에서 우리의 물질성과 더불어 몸을 하찮게 여겨, 몸을 영적이지 않은 것 또는 탈출해야 하는 것으로 보는 것은 아주 일반적이다.

반대로 성경은 우리 몸을 (불완전할지언정) 선한 하나님의 피조물로 본다. 몸은 선물이다.

우리는 우리 몸을 선물로 생각하는 것이 익숙하지 않다. 아마도 우리 몸을 생각하노라면 몸 때문에 생기는 한계가 우리를 얼마나 힘들게 하는지 생각하기 때문일 것이다. 몸이 제대로 작동할 때조차도 이는 사실이다. 몸의 힘, 상태, 능력이 최고일 때도 우리는 여전히 유한하다. 이사야 선지자가 상기시키듯 말이다. "소년이라도 피곤하며 곤비하며 장정이라도 넘어지며 쓰러지되"(사 40:30).

우리는 원하는 모든 것이 될 수도, 모든 것을 할 수도 없다. 우리는 갇혀 있다. 육신으로 산다는 것은, 그 정의상 우리가 자유로워지고 싶을 때 미처 뜻하지 않았던 것이다. 나는 이 사실도 물질성의 제약에서 우리 삶이 벗어날 수 있다는 사상이 우리를 흥분시키는 이유 중 하나가 분명하다고 생각한다. 이는 공상 과학 소설에서 흔히 보이는 세계관이다.

C. S. 루이스의 소설 『그 가공할 힘』(*That Hideous Strength*)에서

한 비밀 과학연구소는 몸으로부터 자유로운 인간의 존재 상태를 만들고자 한다. 이 일은 굉장한 진보로 그려진다. 우리 몸은 불행히도 짊어져야 하는, 그러나 언젠가 탈출해야 하는 것에 불과하다. 작중 한 인물이 이렇게 묘사하듯 말이다.

> 우리의 유기적 생명은 지성을 생산해 냈습니다. 할 일을 마친 셈입니다. 이제는 이것보다 더 발전된 무언가가 필요합니다. 우리는 더 이상 싹을 틔우고 번식하고 썩어 가는, 푸른곰팡이 같은 유기적 생명이 우리 세상을 뒤덮는 것을 원치 않습니다. 우리는 이것들을 해치워 버려야 합니다. 물론 점진적으로 말이죠. 어떻게 해야 하는지는 서서히 알게 될 것입니다. 우리 뇌가 어떻게 하면 갈수록 육체에 덜 의존할 수 있을지 배워 가게 될 겁니다.[2]

이런 의도가 소설 후반의 온갖 악을 야기했음은 말할 필요도 없다. 물론 우리는 이 미치광이 과학자처럼 표현하지는 않는다. 그러나 우리는 몸 때문에 할 수 없는 일에 분개하곤 하며, 이는 쉽게 몸을 기회가 아니라 한계로 보게 한다.

『레디 플레이어 원』(*Ready Player One*)이라는 소설(과 뒤이은 영화)에서 가까운 미래에 인류는 삶의 대부분을 오아시스라는 가상

현실 세계에서 살아간다. 그곳은 우리가 원하는 대로 우리 모습을 바꿀 수 있는 곳이다. 왜 인기가 있는지 알아채기는 어렵지 않다.

오아시스에서 뚱뚱한 사람은 홀쭉해지고 못생긴 사람은 아름다워지며 수줍음 많은 사람은 외향적이 될 수 있다. 물론 그 반대도 가능하다. 당신은 이름, 나이, 성별, 인종, 신장, 체중, 목소리, 머리카락 색깔, 그리고 골격을 바꿀 수 있다. 아니면 아예 사람이 아니라 엘프, 오우거, 외계인, 또는 소설, 영화, 신화에 나오는 다른 종류의 생물이 될 수도 있다.[3]

몸을 완전히 버리지는 않는다. 그러나 우리가 원하는 형태는 무엇이든 얻게 된다. 태어난 대로가 아니라 더 이상적인 무언가로 자신을 바꾼다. 원래 자신이 그래야 했다고 느낄 수 있는 그런 모습 말이다.

앞선 예에서 몸은 탈출해야 할 것이고 그다음 예에서는 바꾸어야 할 것이다. 그러나 기독교 신앙은 둘 중 어느 쪽도 우리에게 필요하다고 믿지 않는다. 몸은 그 자체로 선한 것이지 나쁜 것이 아니다. 그러니 버려야 할 필요도 완전히 다른 형태로 바뀌어야 할 필요도 없다. 사도 바울이 말한 대로 이는 구속되어야 할 뿐이다. "우리까지도 속으로 탄식하여 양자 될 것 곧 우리 몸의 속량을 기다리느니라"(롬 8:23). 몸은 선물이다. 앞으로 보게 되겠지만 지금 당장은 망가진 선물로 보일 것이다. 그럼에도 선물은 선물이다.

핸드메이드

내가 받은 크리스마스 선물 중 어제 받은 것은 정말 특별했다. 다른 선물과 약간 차이가 있는 것이 아니라 단 하나의 성질이 다른 모든 선물과 이 선물을 차별화했다. 핸드메이드였기 때문이다. 한 친구가 내가 가장 좋아하는 성경 구절을 예술적으로 아름답게 써서 액자에 넣어 준 것이다. 내 기억에 이 선물은 올해 내가 받은 선물 중 유일하게 공장에서 찍어 내지 않은 것이다. 그렇다고 해서 그 선물이 다른 모든 선물보다 본질적으로 귀하다고 말할 수는 없을 것이다. 그러나 아주 특별한 의미를 전달해 준 것은 확실하다.

성경은 우리에게 하나님이 우리 몸을 아주 특별하게 만드셨다는 사실을 보여 준다. 다윗은 다음의 유명한 기도를 하나님께 올려 드렸다.

> 주님께서 내 장기를 창조하시고,
> 내 모태에서 나를 짜 맞추셨습니다.
> 내가 이렇게 빚어진 것이 오묘하고 주님께서 하신 일이 놀라워, 이 모든 일로 내가 주님께 감사를 드립니다.
>
> (시 139:13-14, 새번역 성경)

하나님의 장인 정신은 단지 다윗의 외모에 국한되지 않았다. 그의 내면세계도 포함하고 있었다. 다윗의 모든 것, 그 존재의 내면과 외면 모두가 포함되었다.

다윗은 하나님이 자신을 잔뜩 신경 써서, 아주 섬세하게 만드셨다고 말한다. 그는 독특하게 특별 제작되었다. 이는 그의 몸이 완벽하다는 것을 뜻하지 않는다. 앞으로 보겠지만 우리 몸은 분명 망가져 있다. 원래 그랬어야 하는 모습은 아니다. 그리고 몸 때문에 생기는 온갖 문제가 있다. 그러나 다윗은 불완전하고 타락한 자신의 몸일지라도 오묘하고 놀랍게 만들어졌다고 고백할 수 있었다.

오묘하게 만들어진

이 표현을 한번 생각해 본다. 내 친구가 그 크리스마스 선물을 만드는 장면이 그려진다. 그녀가 그 말씀을 그리고 색을 입히고 아름답게 꾸밀 때 꼭 다문 입술이 상상된다. 다윗은 자신이 오묘하게 만들어졌다고 말한다. 하나님 손길의 그 섬세함을 온전히 이해할 수만 있다면 우리는 곧바로 경외감에 압도될 것이다.

우리는 새로 부모가 된 이들이 아이를 처음으로 품에 안는 것을 볼 때 이 의미에 접근한다. 마치 슬로모션처럼 아주 조심스럽게 아기를 들어 올려 품에 꼭 안는다. 여기에는 마땅한 경이로움이 녹아 있다. 부모는 자기 품 안에 안은 이 작은 생명의 소중함을 누구보다 잘 안다.

그런데 다윗은 그들에게 그 경험으로도 충분하지 않다고 말할 것이다. 아기는 우리가 이해하는 것보다 훨씬 더 소중하고 경이로움을 자아내는 존재다. 단지 아기의 섬세한 몸 때문이 아니다. 새로 태어난 아기의 귀여움이 더 이상 남아 있지 않을 만큼 컸을 때, 최상의 몸 상태를 지나갔을 때, 나이가 들어 감에 따라 온갖 연약함과 한계를 보이기 시작할 때, 다시 말해 인생의 어느 시기에 있든지 우리는 오묘하고 놀랍게 만들어졌기 때문이다. 우리는 이 몸이 어떻게 생겼고 이 몸을 어떻게 느끼느냐에 상관없이 어디서부터 가치를 측정해야 하는지도 알 수 없는 존재다.

개별 제작된

장인 정신으로(artisanal) 만들어진 제품이 추세인가 보다. 카페든 빵집이든 말이다. 처음 이 사실을 인지했을 때 나는 이 단어의 의미를 알지 못했다. 내게는 단지 (빵집의 경우) '특이하게 생기고 비싼' 빵을 판다는 의미였다. 그러나 이것이 '전통적인', '화학적으로 만들어지지 않은'의 의미를 내포한다는 사실을 알게 되었다. 이 제품을 만든 것은 기계가 아니란 뜻이다. 다소 불완전할 수는 있지만 그래도 진정성을 담고 있다는 의미였다.

이처럼 사람도 공장 제조나 복사-붙이기 과정을 통해 만들어진 제품이 아니다. 개개인이 가진 독특한 육체는 의도된 것이다. 우리를 만드신 분은 최고의 장인이다. 우리 하나님은 수십억 명의 신체를 만드시면서 공산품처럼 찍어 내지 않으셨다. 우리는 무한한 사랑으로 하나하나 수공 제작되었다. 다윗은 우리를 어머니의 모태에서 "짜 맞추셨습니다"(knitted together)라고 말한다. 나는 살면서 한 번도 무언가를 짜 본 적이 없지만 다른 사람이 뜨개질하는 것은 본 적이 있다. 한 땀 한 땀 모두 직접 손으로 떠야 했다. 놀라운 손기술이었다.

목적을 지니고 만들어진

손으로 직접 만들어졌다는 것은 우리가 우연히 만들어진 것이 아님을 의미한다. 우리 몸은 무작위로, 또는 제멋대로 만들어지지 않았다. 나는 부모가 계획에 없었는데 태어난 이들을 알고 있다. 아주 예민한 주제다. 그들은 '우발적으로', 예기치 않게 태어났다. 자신이 그렇게 태어났다는 사실을 아는 이들 중 어떤 이들은 아주 오랫동안 관계 내 불안 문제로 힘들어할 수 있다. 그러나 하나님의 입장에서는 그 누구도 계획 없이 태어나지 않았다. 우리 모두는 하나님의 특별한 선택의 결과다. 인류 역사상 얼마나 많은 사람이 있었는지는 상관없다. 그 중 우연히 태어난 사람은 단 한 사람도 없다.

성경은 우리 모두가 어떤 방식으로든 하나님이 일하신 결과라는 것, 우리가 그분으로 말미암아 창조되었다는 것을 긍정하는 데서 그치지 않는다. 그보다 더 많은 것을 말한다. 우리는 단지 하나님의 일하심의 결과가 아니다. 우리는 하나님이 의도하신 결과다.

이렇게 생각해 보라. 내가 친구들을 위해서 요리를 하고 있다. 나는 욕심을 내어 꽤 복잡한 음식을 여럿 요리하기로 결정한다. 소스 하나 만들기를 막 마쳤을 때 탄 냄새가 나는 것을 감지한다. 그제서야 오븐에 넣었던 고기가 타고 있음을 알아챈다. 먹을 수는 있겠지만 타 버렸다. 나는 그래도 친구들에게 내놓기로 결정한다. 이 음식을 먹는다고 누가 죽지는 않을 것이다. 어쩌면 어떤 부분은 맛있을지도 모른다. 하지만 아무도 내게 이 요리의 레시피가 뭐냐고 묻지는 않을 테다. 또는 (일어날 가능성은 거의 없지만) 이렇게 상상해 보라. 나는 계획했던 모든 요리를 침착하게 완성해 낸다. 모든 요소가 내가 원하는 대로 되었다. 성공적이다. 모든 면에서 완벽하지는 않을지라도 지금 **이 상태**가 내가 손님들이 즐겼으면 하는 그것이다. 어느 경우든 나는 요리를 해냈다. 두 경우 모두 내 노력과 노동의 결과였다. 다만 두 번째 경우에만 내가 **의도한** 음식이 나왔다.

우리 몸의 경우도 이와 유사하다. 우리를 만드시고 하나님이 그 결과가 어떤지는 딱히 신경 쓰시지 않는 것이 아니다. 하나님은 우리 몸을 목적을 가지고 만드셨다. 우리 몸은 하나님이 의도하신 대로 창조되었다. 다윗과 함께 우리도 고백할 수 있다. 우리 몸은 불완전할지라도 하나님이 만드신 것이며 그분의 의도대로 만들어진 것이라고 말이다.

인격적으로 만들어진

이제까지 살펴본 모든 것은 당신의 모든 면이 아름답지는 않더라도 당신이 하나님이 뜻하셨던 그 몸을 가지고 있음을 의미한다. 여러 가지 문제가 있을 수도 있다. 부모의 모습 중 당신이 원하지 않았던 부분이 섞인 결과물일 수도 있다(아버지의 눈과 어머니의 코, 어쩌면 그 반대). 그러나 하나님이 당신의 몸을 만드실 때는 확실한 뜻을 가지고 만드셨다. 우리는 몸에 대해 카드 게임에서 처음 배분받은 카드를 확인할 때의 느낌(대체 왜 내 패는 이 모양이지?)을 받곤 한다. 그러나 우리 몸은 무작위로 섞인 카드 더미에서 운으로 뽑힌 조합이 아니다.

우리 몸이 하나님의 뜻에 따라 만들어졌다는 생각은 오늘날 서구 사회의 다수가 몸에 대해 생각하는 바에 반한다. 최근 내가 읽었던 어떤 글에는 다음과 같은 표현이 나온다. "우리 대부분 운으로 뽑힌 몸을 가지고 있다."[4] 확실히 이 문장은 논리적 추론의 결과라기보다 자명한 사실인 것처럼 제시되었다. 우리는 쉽게 우리 몸 뒤에는 아무런 계획이나 목적이 있지 않다고 상정한다.

만약 우리 몸이 우연히 만들어지지 않았다면 중요하지 않을 수 없다. 만약 우리 몸이 단지 우연의 산물이라면 거기에는 아무 신학적 의미도 없다고 합리적으로 결론지을 수 있다. 우리 몸은 우리가 누구인지 어떤 의미 있는 사실을 알려 주지 못한다. 우리 몸에서 자아를 찾아야 할 필요도 없이, 자아에 대한 인식은 전혀 다른 곳에서 발견될 것이다. 그러나 만약 우리가 창조되었다면 우리 몸은 무작위로 섞인 물질 덩어리가 아니다. 어떤 의미를 지니게 된다. 우리 자신을 이해하는 데 비본질적인 것이 아니게 된다. 당신이 몸으로 인해 겪는 문제가 무엇이든 이 몸은 하나님이 당신에게 주신 것이다. 그분의 선물이다.

그리고 만약 그렇다면 이 사실은 우리가 몸을 어떻게 생각해야 하는지 결정적인 의미를 부여한다.

몸으로 인해 감사하기

우리 몸에 대한 첫 번째 반응은 이 몸으로 인해 하나님께 감사하는 것이어야 한다. 나는 내가 쓰고 있는 이 말이 어떤 사람들에게는 매우 읽기 어려운 말임을 알고 있다. 여기에 쓰기 어려운 말이다. 다른 많은 사람과 마찬가지로 내 몸도 내게 깊은 고통을 가져다주었다. 나는 자신의 몸 때문에 목숨을 끊는 것을 심각하게 생각했던 사람들을 알고 있다. 우리 몸은 물리적으로도 정신적으로도 끔찍한 고통을 줄 수 있다. 앞으로 더 살펴보겠지만 성경은 이를 부정하지 않으며, 사실 독특하게 이에 대해 설명해 준다. 우리 몸이 오묘하고 놀랍게 만들어졌다고 받아들이는 것이 몸에 관한 모든 것이 괜찮은 척해야 한다는 뜻이 아니다.

그러나 우리 몸에서 아무리 많은 어려움을 찾아낼 수 있더라도 몸으로 살아가는 삶은 여전히 하나님이 주신 선물이다. 우리가 감사해야 할 것이다. 몸은 이 세상에서 **당신**이 존재하는 방식으로 주신 것이다. 성경은 하나님께 감사하는 것이 인생의 중심이어야 한다고 말한다. 바울은 여기에서 돌이킨 사람들을 이렇게 묘사한다. "하나님을 알되 하나님을 영화롭게도 아니하며 감사하지도 아니하고 오히려 그 생각이 허망하여지며 미련한 마음이 어두워졌나니"(롬 1:21). 사실 감사하지 않는 것은 모든 죄의 뿌리의 일부다. 하나님을 영화롭게 하지 않는 것, 즉 우리 삶에서 마땅히 차지하셔야 하는 자리에서 그분을 밀어내는 것은 감사하지 않을 때 일어난다. 이는 그분이 넘치는 인자와 자비의 하나님이심을(모든 좋은 선물은 그분으로부터 나온다), 그리고 (아무리 삶이 복잡하고 어렵더라도) 우리는 궁극적으로 그분의 자비의 수혜자라는 사실을 마음에서부터 부정하는 것이다. 바울은 하나님을 영화롭게 하는 것과 하나님께 감사하는 것을 서로 연결시킴으로써 하나님을 궁극적으로 선한 분으로 보지 않는 한 우리는 그분을 따르고 예배해야 할 이유를 찾을 수 없음을 밝히 보여 준다. 감사는 이렇게나 본질적이다.

만약 감사가 우리 그리스도인의 삶의 본질을 이룬다면, 우리 몸을 바라보는 시각도 감사가 본질적이어야 한다. 우리는 선하고 은혜로운 창조주에 의해 만들어진 피조물이다. 만약 타락하고 불완전한 몸이라도 '오묘하고 놀랍게' 창조되었다면 그로 인해 창조주에게 감사할 수 있고 감사해야 한다. 생명이 없는 것보다 이 몸으로 생명을 가지고 사는 것이 낫다. 비록 우리 삶이 거대한 고통을 경험하고 있을 때라도 말이다.

우리 중에 자신의 몸에 전혀 만족할 수 없는 이들, 심지어 분노를 느끼는 이들이 건강한 반응을 보일 수 있는 첫걸음은 하나님께 감사하는 것이다. 어렵다. 그럼에도 알아야 한다. 하나님이 지금 이 몸에 우리를 두신 뜻이 있다. 당신의 몸은 하나님의 선물이다.

물리적 실존

몸을 지녔다는 것은 우리가 서로를 물리적으로 대하도록 창조되었다는 것을 의미한다. 우리 세대는 아마도 이 사실을 잊어버릴 위험에 처한 세대일 것이다. 우리는 다른 사람과 비물리적 방식으로 관계할 수 있는 시대에 살고 있다. 지난 24시간 동안 나는 서로 다른 세 나라에 있는 사람들과 온라인으로 대면 회의를 진행했다. 나와 가장 가깝게 사역하는 동역자 중 일부는 완전히 다른 대륙에 살고 있다. 나와 가장 절친한 친구 중 둘은 시차가 몇 시간 나는 곳에 산다. 이런 관계와 우정을 함께 즐거워하는 것은 물론 유지할 수 있는 것은 오늘날 우리가 기술을 얼마나 당연하게 여기고 있는지를 잘 보여 준다. 선교 사역 중인 친구가 태국에서 아기를 낳았을 때 영국에 사는 그의 부모님은 몇 분 안에 손주 사진을 받아 보실 수 있었다. 앞 세대 선교사들은 신뢰할 수 없고 아주 느린 우편 체계를 이용해 겨우 사진을 보낼 수 있었다. 그들과 비교했을 때 우리가 얼마나 연결되어 있는지 놀라울 따름이다. 바로 옆 동네에 사는 사람들에 비해 멀리 떨어진 다른 나라에 사는 그들이 큰 거리 차이가 있다고 느껴지지 않는다. 잠깐 멈춰 생각해 보면 우리가 누리고 있는 자원과 기회는 어마어마하다. 기술은 엄청난 의미에서 지리적 제약을 초월하게 해 주었다.

하지만 완전히 그렇게 해 준 것은 아니다. 전에 없던 이 기회에는 큰 위험이 동반된다. 소셜미디어는 엄청나게 넓은 지역에 분포된 엄청난 수의 사람들과 소통할 수 있다는 것을 뜻한다. 서로 메시지를 주고받을 수 있고 얼굴도 쉽게 볼 수 있다. 덕분에 우리 인생이 아주 관계적으로 느껴진다. 언제나 수많은 사람과 소통할 수 있으니 말이다. 그러나 이는 실제로 다른 사람과 관계하는 매우 불완전한 방법이다. 아주 깊이 연결되어 있다는 착각을 불러일으키지만 관계를 건강하게 발전시키기에는 사실 불완전한 방식이다. 물리적 실존을 대체할 수 있는 것은 없다. 전화로 목소리를 듣는 것은 너무 좋다. 스크린으로 얼굴을 보는 것은 더 좋다. 그러나 한자리에 함께 있는 것은 특별한 의미가 있다.

성경은 이런 물리적 실존이 중요하다는 사실을 여러 방식으로 보여 준다. 바울은 데살로니가 성도들과 함께 보냈던 시간을 기억하며 이렇게 말한다.

> 우리가 이같이 너희를 사모하여 하나님의 복음뿐 아니라 우리의 목숨까지도 너희에게 주기를 기뻐함은 너희가 우리의 사랑하는 자 됨이라(살전 2:8)

기독교 사역은 바울에게 단지 복음이라는 정보를 나누는 것 이상이었다. 그와 동역자들은 데살로니가 성도들과 삶 자체를 나누었다. 그의 사역은 함께 존재하는 것을 필요로 했다. 이어지는 부분에서 이는 매우 분명해진다.

> 형제들아 우리가 잠시 너희를 떠난 것은 얼굴이요 마음은 아니니 너희 얼굴 보기를 열정으로 더욱 힘썼노라(살전 2:17)

그들을 떠나는 것은 눈물을 짓게 했다. 헤어짐은 고통스러웠다. 바울은 함께 만나기를 고대했다. 함께하는 것은 중요했다. 요한이 말한 것도 생각해 보라.

> 내가 너희에게 쓸 것이 많으나 종이와 먹으로 쓰기를 원하지 아니하고 오히려 너희에게 가서 대면하여 말하려 하니 이는 너희 기쁨을 충만하게 하려 함이라(요이 1:12)

요한의 편지가 짧은 이유는 친구들에게 별로 할 말이 없어서가 아니었다. 편지라는 통로가 궁극적으로 불완전하기 때문이었다. "종이와 먹으로 쓰기를 원하지 아니하고." 지금이었다면 이렇게 말했을 것이다. "영상 통화나 온라인 채팅을 원하지 아니하고."

요한이 원했던 것은 물리적으로 함께 있는 것이었다. 그것이야말로 그의 기쁨을 충만하게 하는 것이었다. 온라인, 가상세계, 또는 원거리로 유지하는 관계에 기쁨이 없다는 것은 아니다. 그러나 그렇게 얻는 기쁨은 제한적이다. 우리에게는 더 많은 기쁨이 필요하다.

사도행전에는 물리적 실존이 어떤 의미일 수 있는지 알려 주는 소중한 예가 나온다. 바울은 로마를 향한 지난한 여정의 끝에 와 있다.

> 거기서 형제들을 만나 그들의 청함을 받아 이레를 함께 머무니라 그래서 우리는 이와 같이 로마로 가니라 그 곳 형제들이 우리 소식을 듣고 압비오 광장과 트레스 타베르네까지 맞으러 오니 바울이 그들을 보고 하나님께 감사하고 담대한 마음을 얻으니라 (행 28:14-15)

바울이 드디어 로마로 온다는 소식을 들은 로마의 그리스도인들은 먼저 달려와 바울을 맞이하고 그의 마지막 여정을 함께하고자 했다. 언뜻 봐서는 대수롭지 않게 여겨질 것이다. 그러나 압비오 광장과 트레이스 타베르네는 로마에서 50-70킬로미터 정도 떨어져 있다는 사실을 기억하라. 자동차가 없던 시절 그 거리를 움직인다는 것은 작은 정성이 아니었다. 우리가 알기로 그들은 바울과 해결해야 할 급한 일이 있었던 것도 아니다. 함께 이루어 내야 하는 어떤 임무를 완수하기 위해서가 아니었다. 그들은 단지 바울과 함께 있고 싶었다. 그들은 바울이 드디어 로마에 도착했을 때 자신들과 함께 있길 원했을 뿐이다. 그들은 그저 있고자 했다.

이런 그들의 열망이 바울에게 어떤 영향을 주었을지. 여기까지 오는 여정은 지난했다. 그런데 이 신자들이 단지 자신과 함께하기 위해 그 먼 거리를 달려왔다는 사실이 모든 것을 다르게 만들었다. 바울은 하나님께 감사를 올렸다. 그는 **담대한 마음**을 얻었다. 물리적으로 함께한다는 사실이 전해 준 연대감으로 인해 바울은 너무나 필요했던 힘과 용기를 얻었다. 실재로 함께하는 것은 참으로 중요하다.

때로 우리는 지나치게 기능적으로 관계에 접근한다. 때로 우리는 자신이 상대방에게 딱히 쓸모가 없을 것 같아서 거리를 유지한다. 특히 도움이 필요한 사람들과 함께 있는 것에 대해서도 말이다. 어쩌면 말을 특별히 잘하는 것도 아니고 무슨 말을 어떻게 해야 할지 확신이 없어서 그럴 수도 있다. 또는 음식을 잘 만들거나 실질적인 도움을 줄 수 없어서일 수도 있다. 그러나 이 구절은 우리에게 단지 물리적으로 함께 있는 것이 주는 유익을 깨닫게 해 준다.

우리 중 대부분은 사도 바울과 같은 명성 높은 사람에게 자신이 함께한다는 사실이 영적 격려가 될 수 있다고 생각하기 어려울 것이다. 내가 할 수 있는 말 중에 그가 알지 못하는 게 뭐가 있단 말인가? 하지만 이런 평범한 신자들은 마지막 날, 또는 바울 여정의 마지막 때를 함께하고자 했다는 것만으로도 그에게 진정 도움을 줄 수 있었다.

나의 한 친구는 아주 어려운 교회를 목회하고 있다. 한번은 그가 가장 첫 줄에 조용히 앉아 있는 성도에 관해 말을 꺼낸 적이 있다. "그에게는 나타나는 영적 은사가 있어." 그는 휘발성이 아주 강한 출석 교인들 사이에서 언제나 신실하게 자리를 지키는 사람이었다. 그를 보는 것만으로도 그의 목사는 격려를 얻었던 것이다.

물리적으로 함께 있는 것을 다른 것으로 대체할 수는 없다. 서로 관계를 유지하는 다른 방법들은 물리적 우정을 놀랍게 도울 수 있지만 결코 그 자체를 대체할 수 없다. 물리적 실존이 중요한 것은 우리가 물리적 인간이기 때문이다.

온라인에서 조심하기

온라인에서 만나는 방식은 우리의 육체적 한계를 어느 정도 극복할 수 있게 도와준다. 한 번에 한 장소에만 있을 필요가 없다. 어떤 사람들이 우릴 볼 수 있는지 제한할 수도 있다. 각자가 되기 원하는 자신을 가장 잘 보여 주는 모습만 선택적으로 보여 줄 수 있다. 더 이상 시간을 쓸 수 없다고 생각되면 로그아웃하면 된다.

그러나 우리 몸의 물리적인 한계는 우리에게 선한 것이다. 우리는 한 번에 여러 군데에 있도록 만들어지지 않았다. 물리적 공동체의 일부가 되어 그 제약을 받는 것에서 자유로워지도록 만들어지지 않았다. 존재하는 것은 인간이 되는 것에 필수적이다.

그리고 여기서 이어지는 추론 역시 참이다. 만약 물리적 실존이 인간의 인간 됨에 부합하는 것이라면, 실제 물리적으로 함께하지 않는 것은 우리를 손쉽게 비인간적으로 만든다는 것도 슬프지만 참이다.

비물리적 형태의 관계는 실제 우리가 마주 앉아 있었다면 취했을 방식과 상당히 다른 방식으로 사람을 대하게 한다. 온라인상에서 이루어지는 소통의 경우 특히 그렇다. 사람을 오직 우리를 성가시게 하는 의견을 피력하는 아바타로만 경험하게 되면 그 말 뒤에 실제 살과 피를 가진 인간이 있다는 사실을 잊어버리게 되곤 한다. 그들은 더도 덜도 말고 내 의견의 반대 의견 정도로 전락한다. 우리는 그들이 탁자 맞은편에 실제로 앉아 있다면 결코 하지 않았을 말들을 내뱉는다. 어째서? 그들과 **함께** 있지 않기 때문이다. 그들이 인간임을 잊어버린 것이다. 그들이 내가 동의할 수 없는 의견쯤이 아니라는 사실을 잊는 것이다. 우리의 우선순위는 내가 말하는 것이 나를 어떻게 느끼게 해 줄 것인가에 있고, 이 말을 들을 그들이 어떻게 느낄까에 있지 않다. 우리는 우리가 한 말이 얼마나 공격적이고 생각지도 못할 정도로 상대에게 상처를 주는지 깨닫지도 못하고 그렇게 한다.

두어 해 전 작가이자 교수인 캐런 스왈로 프라이어(Karen Swallow Prior)가 버스에 치여 거의 죽게 되었다. 회복은 아주 더디고 힘겨웠다. 그러나 그녀는 자신이 이겨 내야 했던 육체적 어려움보다 온라인에서 지속되는 공격들이 훨씬 더 견디기 어려웠노라고 얼마간 시간이 지난 후 나눈 적이 있다.

말에는 큰 힘이 있다. 사도 야고보는 말을 거대한 숲에 불도지를 수 있는 불씨, 자객의 치명적인 독과 비견한다. 상대방이 우리와 물리적으로 함께 있지 않을 때는 얼마나 더 그러한지 모른다. 사람들과 실제로 함께 있을 때, 그들이 심지어 잘 모르는 사람들이라 할지라도 우리는 본능적으로 빠른 속도로 그들에게 공감하는 법을 일깨운다. 그들의 표정과 몸짓을 보고 의미하는 바를 파악한다. 우리가 말하면 보일 수 있는 반응을 인지하게 된다. 말이 가진 힘을 의식하게 된다. 만약 우리가 결과적으로 상처가 되는 말했다면 대체로 그 사실을 인지하고 그에 따라 반응할 것이다. 그러나 사람들이 스크린 뒤에 숨어 있을 때는 중요한 것이 오직 자신이 옳고 상대방이 틀렸음을 확실히 하는 것 외에는 없는 것 같다. 그래서 우리는 상대방을 경멸하고 그들이 한 말을 비난하고 그들이 의도한 바가 아님을 알면서도 그들의 말을 왜곡한다. 단지 이기고 싶을 따름이다. 그들은 이제 인간이라기보다 명중시켜야 하는 과녁이 된다. 얼마 지나지 않아 독이 살포되고 화마가 온 숲을 불태운다.

올바른 반응은 이를 인지하고 모든 노력을 동원해 실제 만났다면 하지 않았을 말은 온라인에서도 결코 하지 않는 것이다. 우리가 타이핑하는 모든 글자를 탁자 맞은편에 앉아 있는 사람에게 하는 말과 동일한 것으로 취급해야 한다. 존재하는 것은 중요하다. 부재할 때 우리는 비인간적이 되지 않기 위해 매우 조심해야 한다.

올바른 접촉을 자각하기

최근 한 기사에 따르면 여러 도시에서 유행하기 시작한 사업이 있다. 바로 전문 포옹 서비스다.[5] 충분한 신체 접촉을 경험하지 못한다고 생각하는 사람들이 돈을 내고 자신을 안아 주는 사람을 고용하는 것이다. 어떤 사람들은 싱글이고, 또 어떤 사람들은 당당하게 기혼자들이다. 이 글이 인용한 한 연구자의 말을 빌리자면 이들은 "접촉에 결핍"(touch deprived)을 느끼는 사람들이다. 나는 다른 곳에서 "피부에 목마른"(skin hunger)이라고 묘사한 것도 본 적이 있다.

이쯤 되면 우리는 이해할 수 없다는 표정을 지을 것이다. 그러나 이런 사업이 생기고 있다는 것은 상당히 중요하다. 우리 교회와 공동체 안에 건강한 신체 접촉을 아주 가끔만 경험하는 사람들이 있다는 의미이기 때문이다. 잭 에스윈(Zack Eswine) 목사는 말한다. "예전에는 상상도 못 했죠. 홀로된 이들이 얼마나 신체 접촉을 적게 누리고 있는지. 가족들은 멀리 떨어져 살고 가끔 방문하죠. 노인들은 의료진이 이리 찌르고 저리 찌르는 것 외에 신체 접촉의 가뭄으로 들어가게 돼요. 마치 인생에서 여러 해를 사막에서 보내는 것처럼 말이죠."[6]

물론 이는 단지 나이 든 사람들만의 문제가 아니다. 전문 포옹 서비스업체는 고객층이 다양하다고 보고하고 있다. 우리는 갈수록 어떻게 올바르게 상대방을 만져야 하는지 알지 못하는 문화에 살고 있다. 이 업계의 한 업체가 내건 슬로건은 문제를 (말하자면) 제대로 짚은 것 같다. "우리는 섹스에 집착하지만 접촉에는 결핍되어 있습니다." 여기에는 많은 설명이 필요하다. 서구 문화에서 우리는 섹스와 친밀감의 경계를 허물어 버려서 더 이상 성적인 의도를 가지지 않은 친밀감이 무엇인지 이해하기 어려운 지경에 이르렀다. 그래서 갈수록 우리는 서로를 만지는 것을 가족적 행위보다 관능적 행위와 연결한다.

교회는 건강하고 올바른 신체 접촉을 권장하는 장소가 됨으로써 이에 대한 치료책을 제시할 수 있어야 한다. 바울은 디모데에게 늙은 남자들을 아버지처럼 늙은 여자들을 어머니처럼 대하라고 일렀다(딤전 5:1-2). 교회는 가족과 같아야 한다. 따라서 교회에서 나이 든 세대를 나의 부모님처럼 여기고 환영하는 것은 너무나 올바른 것이다.

바울은 여러 곳에서 '거룩한 입맞춤으로 문안하라'고 말한다(롬 16:16; 고후 13:11). 모든 시대와 모든 문화에서 이것이 사람들을 환영하는 자연스러운 형태는 아닐 수 있다. 그러나 원리는 명백하다. 우리는 가족적인 방식으로 신체를 사용하여 서로를 환영해야 한다. 서구에 사는 우리는 이를 악수나 포옹 정도로 이해할 수 있을 것이다. 어떤 경우에는(예를 들어 우리의 영적 어머니들을 대할 때) **뺨**에 키스를 하는 것을 의미할 수도 있을 것이다. 어떤 방식이든 우리는 교회 생활에서 적절하게 신체 접촉 하는 자리를 고려해야 한다.

물론 경계는 있어야 한다. 신체로 애정을 표현하는 모든 방식이 동일한 것은 아니다. 바울은 이런 선을 '거룩한' 입맞춤이라는 말로 표현한 것 같다.

잭 에스윈은 신약이 말하는 두 종류의 신체 접촉을 서로 대비한다.

> 첫 번째는 유다가 예수의 볼에 한 키스다. 이런 키스는 신체 접촉을 오용한 것으로 자신의 이기적인 욕구, 욕망, 음욕 또는 이익을 만족시키기 위한 것이다(눅 22:47-48). 반대로 "거룩한 입맞춤"은 기독교 공동체가 인간이 어떻게 서로 접촉해야 하는지를 예수 안에서 회복한 모습을 보여 준다. 신체 접촉은 거룩한 행위라는 의미를 가진다. 거룩한 의미로 타인을 만지거나 자신을 만지게 하는 것이 어떤 것인지 경험적으로 아는 사람은 우리 중 거의 없다. 타락한 만짐이 우리 대부분의 생각을 지배했고 망가뜨렸다.[7]

"타락한 만짐" 대신 "복음적 만짐"을 어떻게 계발할지 배워야 한다.

그렇다면 복음적 만짐은 가족 구성원 사이에서 규범적으로 적절하게 여겨지는 신체 접촉과 닮은 것을 의미한다. 이것이 선(guide)이다. 따라서 함부로 대하거나 무시하거나 지나치거나 관능적인 접촉은 복음적 삶과 사역이 권장하는 따뜻한 접촉과 공존할 수 없다.[8]

그리고 복음적 만짐에 참으로 적용되는 것은 모든 만짐에도 참으로 적용될 수 있다.

전문 포옹 업체의 존재는 오늘날 많은 사람이 직면한 진짜 문제에 대해 경각심을 일으킨다. 이 업체들이 제대로 된 해결책을 줄 수는 없을 테지만 말이다. 사람들이 지닌 의미 있고 가족적인 신체 접촉의 필요를 상품화한 접촉으로 충족시킬 수 있으리라 상상하기 어렵다. 진짜 해답은 말씀으로 돌아가 우리가 오묘하고 놀랍게 창조되었다는 건강한 성경적 이해를 회복하는 데서 온다.

"말씀이 육신이 되어 우리 가운데 거하시매"(요 1:14). 예수님이 이 세상에 실재하는 육체를 지닌 인간으로 오셨을 때 그분은 우리 육체에 우연한 것은 없음을 말씀해 주신 것이다. 우리가 몸으로 살아가는 삶은 하나님이 우리에게 주신 선물이다.

02

사람은 외모를 본다

몸과 정체성

언젠가 친구 앤드루 윌슨(Andrew Wilson)이 휴가를 맞이해 아이들을 수영장에 데려갔을 때 문신이 없는 남자는 자기밖에 없다는 사실을 알아챘다.

달리 할 일이 없었던 그는 다양한 무늬의 문신에 둘러싸여 여러 문신을 관찰하기 시작했다. 대부분 그림이나 문구 또는 이름이었다. 그림은 대체로 동양풍의 화염과 분노 이미지였는데 어쩌면 "정체성의 어두운 면이나 간과된 위협적인 면을 투영한 것"이었는지도 모른다.[1] 많은 사람이 자녀의 이름이나 생일로 문신을 했다. 또 다른 이들은 짧은 문구로 하기도 했다. 어떤 사람들은 모토나 인생철학을 영어로 표현하기도 했지만 더 멋져 보이는 외국어로 한 경우가 더 많다. 이렇든 저렇든 모두 자기가 누구인지를 표현하고 있었다.

피부에 무늬를 새길 때 우리는 다른 사람이 자신을 어떻게 봐 주었으면 하는지를 표현하는 셈이다. 수영장에 있었던 그들은 사람들이 자신을 좋은 아버지로 보아 주길 원했고, 또 다른 이들은 깊이 있거나 이국적이거나 영적으로 보아 주길 원했던 것이다. 어떤 이들은 특정 깃발, 팀, 또는 철학에 대한 자신의 충성심을 드러내고 싶어 했다. 문신은 일종의 선언이다. 그것은 사람들이 자신을 보는 방식과 그들 자신이 누구인지를 몸에 그려 표현한 것이다.

그렇지만 우리 몸에 대해 외부 세계가 말해 주었으면 하는 것과 우리 몸이 실제 우리가 누구라고 말해 주는 것에는 꽤나 차이가 있다.

오늘날 어떤 사람들은 '진정한 나'는 자신의 혼(soul) 또는 영(spirit)이라고 생각한다. 몸은 단지 내가 연결된 물질 덩어리이며 나를 담고 있는 그릇에 불과하다고 여긴다. 몸은 내가 발견한 나의 정체성을 원하는 대로 그릴 수 있는 빈 캔버스다. 몸 자체는 정체성의 일부도 아니고 어떤 정체성을 가져야 할지 알려 줄 수도 없다. 진짜 중요한 것은 영혼이다. 거기서만 참된 자신을 찾을 수 있다. 이런 생각은 영혼을 몸보다 더 중시하고 몸은 마음껏 변형할 수 있는 것으로 본다. 나는 몸을 빚을 수 있고 원하는 모습으로 찍어 낼 수 있다. 덧칠할 수도 있고 치장할 수도 있다. 그러나 몸 이면에 있는 것이야말로 깊고 변하지 않는 것이다.

또 다른 이들은 몸을 더 중요하게 여긴다. 정체성의 대부분은 몸이 어떻게 생겼는지 그리고 몸의 생김이 문화적 기대를 얼마나 충족시키는지에 따라 결정된다고 믿는다. 오늘날 어떤 이들은 심지어 '영혼' 자체를 의심한다. 실재하는 것은 오로지 육신뿐이다.

대다수의 사람들은 이 둘 사이 어딘가에 위치해 있거나 확신이 없을 것이다. 우리 몸에 어떤 의미가 있는 것 같다고 느끼기는 하지만 그 의미가 무엇인지는 확신할 수가 없다. 또는 보이는 모습보다 더 깊은 무언가가 있을 것이라고 믿기는 하더라도, 이 경우에도 마찬가지로 그 더 깊은 무언가가 무엇인지는 확신할 수 없다.

우리가 사용하는 언어는 이런 혼란을 반영한다. 사람들은 살면서 있었던 일을 가감 없이 나눌 때 '영혼까지 벌거벗은 것처럼'(bared their soul) 말했다고 표현한다. 또는 끔찍한 비극이 일어났을 때 여러 '영혼'(souls)을 잃었다고 표현한다(참사 같은 사태가 벌어졌을 때 여러 '몸'을 잃었다고 말하는 것이 얼마나 어색한지 생각해 보라). 그리고 영성(spirituality)에 관한 한 우리는 일반적으로 육체적인 것보다 내면의 삶에 대해 생각한다.

성경은 독특한 통찰을 제공한다. 자신을, 즉 진정한 나를 자신의 깊은 내면에서 느끼거나 찾고자 하는 이들에게 성경은 그들의 몸이 정체성에 부수적인 것이 아니라고 말해 준다. 반대로 자기 몸에 굉장한 투자를 하며 정체성을 찾고자 하는 이들에게 성경은 다른 사람에게 보이는 몸보다 더 깊은 무언가가 우리에게는 있다고 말해 준다. 당신의 몸은 아무것도 아니지 않다. 그렇다고 전부도 아니다. 당신의 몸이 곧 **당신**인가? 그렇다. 몸은 당신의 정체성에 필연적이다. 그러나 그렇다고 당신의 정체성 자체는 아니다.

내 몸이 곧 나라고?

성경에서 우리 몸은 액세서리가 아니다. 몸은 우리의 **일부**다. 우리는 몸을 벗어나서는 자신이 누구인지 제대로 이해할 수 없다. 당신의 몸은 당신과 무관한 어떤 것이 아니다. 단지 당신을 담는 그릇이 아니다. 당신의 몸이 **곧** 당신이다. 성경은 우리가 몸을 소유하고 있는 것을 넘어 우리가 곧 몸이라고 말한다.

첫 사람 아담의 창조를 기억하라.

여호와 하나님이 땅에 비를 내리지 아니하셨고 땅을 갈 사람도 없었으므로 들에는 초목이 아직 없었고 밭에는 채소가 나지 아니하였으며 안개만 땅에서 올라와 온 지면을 적셨더라 여호와 하나님이 땅의 흙으로 사람을 지으시고 생기를 그 코에 불어넣으시니 사람이 생령이 되니라(창 2:5-7)

아담이 어떻게 창조되었는지 잘 살펴보라. 오늘날 사람들이 자신을 규정하는 것과는 딴판이다. 하나님은 '아담'이라는 영혼을 먼저 창조하신 후 주변을 둘러보아 영혼을 담을 만한 물리적인 무언가를 찾으신 것이 아니다. 반찬통에 음식 담는 것처럼 **진짜** 아담을 몸에 넣으신 것이 아니다.

하나님은 물질에서 시작하셨다. 흙으로부터 몸을 만드셨고 그것이 생령이 되게 하셨다. 누군가 썼듯이 구약에서 인간은 "육화된 영혼이 아니라 움직이는 몸이다".[2] 아무 몸이나 상관없어서 근처에서 발견한 몸뚱어리에 욱여넣은 영혼이 당신의 근본이 아니다. 칼 트루먼(Carl Trueman)은 이 사실을 이렇게 요약한다.

몸 뒤에 또는 몸 앞에 있는 '나'란 없다. 우리 육신을 벗어나 존재하고 현재 우리가 지닌 육신에 무작위로 할당된 '우리'란 없다(시간상으로는 물론이고 논리적으로도 없다). 우리 몸은 우리 정체성에 필수 불가결한 부분이다. 또한 나는 내가 집에서 살거나 우주복을 입거나 해변에서 간이의자에 앉는 것처럼 몸을 '점거'하고 있는 것이 아니다. 몸은 내가 누구인가와 떼려야 뗄 수 없는 필수 불가결한 부분이다.[3]

당신의 몸은 당신의 정체성에 필연적이다.

우리는 '영혼'이라는 단어를 사용해 육체와 구분되는 내면세계나 영적 생명을 묘사하지만 성경은 일반적으로 이 단어를 훨씬 더 통합적인 개념으로 본다. 구약과 신약에서 영혼으로 번역되는 주요 단어들은 비육체적 부분만 가리키지 않고 전인적 의미를 지닌다. 이 단어는 우리 자신을 이루는 다른 부분들과 함께 몸을 포함한다.

그래서 우리가 성경에서 읽는 영혼이라는 단어는 일상에서 우리가 사용하는 것과 다소 다른 의미일 수 있다. 다음 베드로전서의 예를 살펴보라.

예수를 너희가 보지 못하였으나 사랑하는도다 이제도 보

지 못하나 믿고 말할 수 없는 영광스러운 즐거움으로 기뻐하니 믿음의 결국 곧 영혼의 구원을 받음이라(벧전 1:8-9)

많은 사람이 "영혼의 구원"을 아주 자연스럽게 우리 몸의 상대적 의미로서의 내면, '진짜' 우리의 구원을 의미한다고 읽는다. 그러나 베드로는 우리의 일부만을 의미한 것이 아니라 몸을 포함한 우리 자신 전부를 의미한 것이다. 최종적으로 베드로는 그리스도인의 모든 소망을 예수의 몸의 부활에 기초를 둔다(벧전 1:3). 이 소망은 모든 것을 망라한다. 우리 자신에 포함되는 모든 것, 즉 지성, 몸, 영혼이 분리되지 않고 한꺼번에 그리스도 안에서 구원받는 것이다. 영혼의 구원은 몸을 배제하고가 아니라 몸을 포함하여 받는다.

영국의 신학자 폴라 구더(Paula Gooder)가 바울이 어떻게 영혼이라는 단어를 사용했는지에 대해 내린 결론은 성경의 다른 부분에도 충분히 동일하게 적용 가능하다.

> 바울이 '영혼'이라는 단어를 사용했을 때 몸과 근본적으로 다르거나 반대되는 무언가를 의미했다고 생각해서는 안 된다. … [이는] 몸이 어떻게 우리 정체성의 일부가 되는지에 대한 [바울의] 이해를 드러낸 것이다. 다시 말해 우리는

우리 몸을 떠나서는 진정한 자신이 될 수 없다.[4)]

신약과 구약에서 사용된 영혼은 모두 인간의 삶 전체, 인격 전부, 우리가 정말로 누구인지를 보여 주며, 여기에는 몸이 반드시 포함된다.[5)]

그렇다고 우리 삶에 내적 영역과 외적 영역 간에 차이가 없다는 것은 아니다. 영혼이라는 단어가 우리 몸과 구분되어 좁은 의미로 사용되는 경우도 있다. 예수님이 하신 다음의 말씀을 살펴보자.

> 몸은 죽여도 영혼은 능히 죽이지 못하는 자들을 두려워하지 말고 오직 몸과 영혼을 능히 지옥에 멸하실 수 있는 이를 두려워하라(마 10:28)

여기서 차이점은 시간적인 것으로 보인다. 몸은 이생에서 죽을 수 있으나 죽음이 그 사람 전체의 끝은 아니다. 육신이 죽었어도 계속해서 존재하는 부분이 있다. 여기에는 경고와 더불어 위로가 있다. 경고는 하나님께 받을 몸과 영혼의 영원한 형벌을 이 땅에서 육체적으로 겪을 수 있는 어떤 아픔보다 훨씬 더 두려워해야 한다는 것이다. 위로는 예수님의 제자라면 죽음을 마주했을지라도 궁극적으로 그들의 영혼까지 다치게 할 수 있는 것은 없다는 것이다. 육신의 죽음은 우리에게 일어날 수 있는 최악의 일이 아니다.

그러므로 성경에서 **영혼**과 **몸**은 구분되어 사용되었지만 서로 배치되는 개념으로 보아서는 안 된다. 몸은 우리의 정체성에서 배제될 수 없다.

성경의 또 다른 곳에서도 이런 내용이 발견된다. 바울이 고린도 성도들에게 말한 이 부분을 예로 보자.

> 음행을 피하라 사람이 범하는 죄마다 몸 밖에 있거니와 음행하는 자는 자기 몸에 죄를 범하느니라 너희 몸은 너희가 하나님께로부터 받은 바 너희 가운데 계신 성령의 전인 줄을 알지 못하느냐 너희는 너희 자신의 것이 아니라 값으로 산 것이 되었으니 그런즉 너희 몸으로 하나님께 영광을 돌리라 (고전 6:18-20)

깜짝 놀랄 만한 말씀이다. 나중에 다시 돌아와 살펴볼 것이다. 지금은 이 말씀이 몸의 중요성을 어떻게 강조하고 있는지를 주의해 보라. 바울은 "너희"와 "너희 몸"을 서로 교체 가능하도록 사용하고 있다. 이 주장의 근거가 무엇인지 주의하라.

너희 몸은 너희가 하나님께로부터 받은 바 **너희** 가운데 계신 성령의 전인 줄을 알지 못하느냐 **너희**는 너희 자신의 것이 아니라 값으로 산 것이 되었으니 그런즉 **너희 몸**으로 하나님께 영광을 돌리라

여기서 "너희 몸"은 우리가 누구인지를 가리키는 다른 방식이다. 단지 우리가 책임져야 하는 문제가 아니다. 어떤 학자들은 이렇게 말한다. "당신의 몸은 **당신**을 이루는 필연적 부분이다. 단순히 '진짜' 당신 또는 당신의 마음을 담는 그릇이나 당신이 입는 의상이 아니다."[6] 바울은 몸을 "장막"(고후 5:1-5)이라고 말하기는 했으나 여기서조차 초점은 몸이 일시적이며 연약하다는 데 있지 몸이 외적인 것이라는 데 있지 않다.

이는 아주 중요한 문제다. 만약 몸이 단지 그릇에 불과하거나 진짜 자신이 입는 의상에 다름 아니라면 몸은 재산과 마찬가지가 된다. 그러나 우리는 그럴 수 없다는 것을 알고 있다. 아무리 몸이 아닌 마음이나 영혼을 진짜 나라고 생각하더라도 깊숙한 곳에서는 우리 몸이 진짜 나를 이루는 필수적 부분임을 알고 있다. 사람들이 자기 몸이 다쳤을 때 **자신**이 다쳤다고 여기지 재산 중 일부가 상해를 입었다고 여기지 않는다는 사실을 알 것이다.[7]

누군가의 몸에 행하는 것은 그 **사람**에게 행하는 것이다. 한 책은 아주 불쾌하지만 중요한 시나리오로 설득력 있게 문제 제기를 한다. 만약 어떤 사람이 혼수상태인 사람을 강간했는데 그 사람은 "나중에도 알아채지 못했으며 어떤 외상도 남지 않았더라도" 그 일은 여전히 악한 것이다.[8] 혼수상태에 있던 그 사람은 몸이 침범당함으로써 그의 **인격**이 침범당한 것이다. 당신의 몸에 행한 것은 곧 당신의 인격에 행한 것이다. 우리는 몸으로 구현되는 데서 벗어날 수 없다. 앨러스테어 로버츠(Alastair Roberts)는 이를 깔끔하게 요약한다. "몸은 자아가 입는 옷가지가 아니다. 그 자체가 자아다."[9]

몸이 전부는 아니다

당신의 몸이 곧 당신이다. 아무것도 아닌 것이 아니다. 그냥 무언가가 아니다. 그렇다고 모든 것도 아니다. 몸은 당신이 누구인지를 완전히 설명해 주는 **총체**가 아니다.

창조 기사에서 우리는 아담이 단지 몸이 아님을 발견한다. 하나님은 그를 창조하시고 나서 그분의 생명을 주는 숨길을 불어 넣으셔서 아담을 형성한 물질이 살아나게 하셨다. 그 자체로는, 하나님에 의해 움직이지 않는 상태로는 생령이 될 수 없었다. 하나님의 숨결을 떠나서는 생명이 존재할 수 없다. 하나님의 생명이 없는 육신은 송장일 뿐이다.

여기서 잠깐 멈춰 생각해 볼 만하다. 티끌이 모여 몸이 되었고 생명의 숨결이 그 몸에 주입되었다. 우리가 죽는 과정은 정확히 그 역순이다. 때가 되면 우리는 마지막 숨을 내쉰다. 우리 안에 불어 넣어진 숨결은 때가 되면 마지막 숨결이 되어 우리를 빠져나간다. 그리고 우리 몸은 처음 인류가 창조되었던 티끌로 돌아간다. 우리의 인간 됨이 온 곳으로 되돌아가는 것이다. 생명이 끝나는 과정은 생명이 어떻게 시작되었는지를 반영한다.

그러니 우리 몸은 단지 우리 자신의 총합이 아니다. 몸은 본질적이지만 몸만으로 충분하지 않다. 하나님이 몸을 만드셨다. 그러나 우리는 하나님이 몸 너머를 보신다는 것도 발견할 수 있다. 구약에서 이스라엘을 다스릴 왕으로 다윗을 선택하시는 장면에서 명백하게 찾아볼 수 있다. 초대 왕이었던 사울이 하나님의 말씀에 불순종하자 하나님은 그의 왕위를 유지시키지 않으신다(삼상 15:23). 새로운 왕을 세울 때가 되었다.

사울은 사실상 백성의 선택으로 된 왕, 사람들이 원하는 모습의 왕이었다. 이제 하나님이 선택하실 차례다. 하나님의 계획과 방법을 반영할 왕을 말이다. 이를 위해 하나님은 선지자 사무엘을 이새의 집으로 보내셨다. 새 왕은 이새의 아들들 중에서 택할 것이다. 사무엘은 그 집에 가서 하나님이 어떤 아들을 선택하실지 보는 임무를 맡았다. 하나님의 선택이 드러나기 위해서는 이새의 아들들이 한 명씩 사무엘에게 모습을 보여야 했다.

  오래도록 사랑받는 이 이야기에서 결국 모든 예상을 깨고 막내아들 다윗이 왕으로 택함 받는다. 이는 아주 분명한 질문을 낳는다. 어째서 하나님은 누가 새로운 왕이 되리라고 애초부터 사무엘에게 계시하지 않으셨을까? 이에 비하면 사울이 선택될 때는 과정이 훨씬 더 직관적이었다. 하나님은 사무엘에게 그분이 왕으로 택한 자가 그에게 오리라고 알려 주셨고, 사울이 왔을 때 하나님은 그가 곧 오리라고 한 자라고 사무엘에게 말씀해 주셨다.

  이번에는 왜 이와 동일하게 "나는 이새의 아들 다윗을 내 백성을 다스릴 왕으로 선택했노라"고 말씀하지 않으셨던 것일까? 어째서 사무엘은 베들레헴으로 가는 여정의 번거로움과 위험을 모두 겪어야 했을까? 그리고 거기 도착해서는 어째서 다윗을 즉시 택하지 못하고 이새의 여러 아들을 일일이 만나야 했을까?

이에 대한 답은, 바로 이 이야기는 이스라엘의 차기 왕이 아닌 하나님에 관한 것이었다는 것이다. 하나님은 우리가 사람을 보는 것과는 전혀 다르게 사람을 보신다. 이새의 아들 엘리압을 만났을 때 사무엘은 그가 확실히 왕이 될 자라고 생각했다. 그에게는 왕의 모습이 있었다. 마치 왕이 되려고 태어난 아이 같았다. 사무엘은 부분만 본 것이다. 그리고 그것이 이야기의 핵심이다.

하나님은 사무엘에게 말씀하신다.

> 그의 용모와 키를 보지 말라 내가 이미 그를 버렸노라 내가 보는 것은 사람과 같지 아니하니 사람은 외모를 보거니와 나 여호와는 중심을 보느니라(삼상 16:7)

하나님은 사무엘에게 인간 됨에 대한 중요한 무언가를 알려 주고 계신다. 우리는 특정한 방식으로 사람을 본다. 우리는 외모를 본다. 다른 사람이 외적으로 어떤 모습을 하고 있는지 자연스럽고 이해할 만하게 알아차리는 것이 아니라 외모로 서로를 평가한다. 외모가 가장 직접적으로 누군가를 평가하는 기준이 아닐 수 있음에도 우리는 이것을 아주 중요한 기준으로 여긴다. 그 사람이 어떤 사람이 재 보기 시작한다. 그들이 어떤 모습을 했는지 평가한 후 그들을 어떻게 볼 것인지 결정한다. 그 외에도 다른 면이 있음을 알면서도 외모로 사람을 평가하곤 한다.

사무엘이 바로 이 점을 잘 보여 준다. 엘리압을 한 번 보고 그는 확신했다. 그가 어떻게 생각했는지 성경은 정확히 얘기해 준다. "당연히 이 사람이 하나님이 기름 부으실 사람이지!" 우리도 똑같았을 것이다. 그러나 하나님은 다르셨다. 하나님의 시선은 우리와 확연히 다르다. 우리가 외모에서 시작해서 외모로 끝마칠 때 하나님은 그 너머를 보신다. 하나님은 겉으로 드러나지 않는 사람의 내면을 살피신다. 그분은 우리 마음을 보신다. 우리가 어떤 모습인지뿐 아니라 우리가 진짜 누구인지, 우리 내면과 외면을 **모두** 보신다.

하나님의 관점은 이새의 가족이 선택한 바에 의해 더 분명해진다. 하나님이 누구를 택하실지 너무나 분명했던 것만큼(위풍당당하고 키도 큰 엘리압!) 누구를 택하지 않으실지도 너무나 분명했다. 너무 분명한 나머지 이새는 들판에서 양을 치느라 집에 없었던 다윗을 부를 생각도 하지 않았다. 굳이 부를 이유가 없었던 것이다. 그러나 하나님이 택하신 사람은 다윗이었다. 성경은 다윗의 용모에 대해 약간 언급한다. 그는 "빛이 붉고 눈이 빼어나고 얼굴이 아름"다운 사람이었다(삼상 16:12). 도저히

못 봐 줄 정도는 아니었지만 그렇다고 왕이 될 만한 늠름한 상도 아니었다. 다윗은 우리가 생각할 법한 왕의 모습에 부합하지 않았을지 모른다. 그럼에도 그는 적합한 사람이었다.

이새의 아들들은 사무엘 앞에, 그리고 우리 앞에 줄지어 서서 자신을 홍보했다. 자신의 외모를 말이다. 우리가 보통 보는 방법이 비록 자연스럽고 이해할 만하지만 그것으로 충분하지 않다는 사실을 깨달을 필요가 있다. 우리는 겉으로 보이는 것에서 시작하는 경향이 있지만, 거기서 멈추어서는 안 된다. 당신을 둘러싼 세상에 당신의 육체적 특징이 어떻게 겉으로 드러나느냐가 궁극적으로 당신이 누구인지를 모두 보여 주는 것은 아니다. 당신은 당신의 외모 이상이다. 당신은 당신의 몸 이상이다.

우리 모두 이 이야기를 들을 필요가 있다. 스스로(또는 다른 사람이) 자신의 외모에 만족하든 만족하지 않든 말이다. 우리 몸을 만족해하지 않을 만한 이유를 얼마든지 찾을 수 있을 것이다. 이런 생각이 왜 일어나며 이런 생각 이면에는 무엇이 있는지는 나중에 살펴볼 것이다. 하지만 여기서는 하나님이 보시기에 우리는 우리의 외모 이상이라는 사실을 알 필요가 있다. 당신의 몸은, 그 모든 영광과 한계 안에서 당신이다. 그러나 몸이 당신의 전부는 아니다. 이 사실을 인지하는 것은 스스로를 건강하게 바라보는 데 도움이 될 것이다. 그리고 다른 사람을 건강하게 보는 데도 도움이 될 것이다. 인간이 가진 육체적 측면에만 주목하는 것은 인간을 아주 제한적이고 불완전하게만 이해하는 것이다.

몸은 아무것도 아닌 것이 아니다

앞서 살펴보았듯이 만약 몸을 우리의 전부로 여기는 것이 한 가지 오류라면, 몸이 우리 정체성에 아무 의미도 없다거나 우리 본질은 몸과 완전히 독립적이라고 여기는 것은 또 다른 오류다. 그리고 이런 사고방식은 갈수록 오늘날 서구에서 보편적 사고방식이 되고 있다.

공전의 히트를 한 영화 "아바타"(Avatar)를 생각해 보자. 2009년 처음 개봉했을 때 얼마 지나지 않아 최고 흥행 수익을 달성했고 곧장 후속작 계획이 발표되었다. 영화는 150년 뒤 미래에 판도라라는 행성에 당도한 인간들의 이야기다. 이 행성에는 큰 키와 푸른 피부를 가진, 인간을 닮은 나비 종족이 살고 있다. 이 종족에 스며들기 위해 인간들은 합성 육체인 아바타를 만들어 낸다.

이전 흥행 기록들을 깨뜨린 이 영화의 성공에 대해 혁신적인 특수 효과 등 여러 이유를 들 수 있겠지만, 영화가 인간이 완전히 자기 몸을 교체할 수 있다는 관점을 보여 준 것도 우연은 아닐 것이다. 주인공인 설리는 하반신 불구인 인물이다. 그러나 자신의 아바타를 통해 완벽하게 작동하는 사지를 누리게 된다. 이 영화 이면에 흐르는 전제는 우리 몸이 우리가 입는 옷과 크게 다르지 않다는 것이다. 당신은 자신을 바꾸지 않고도 전혀 다른 몸에, 심지어 완전히 다른 종의 몸에 들어갈 수 있다.[10] 당신 인격의 정체성이 몸을 통해 표현될 수는 있겠지만 결코 몸에 의해 좌우되지는 않는다. 당신은 다른 몸에 들어가더라도 문제없이 당신일 수 있다.

"아바타"는 오늘날 보편적인 사고방식을 보여 준다. 갈수록 우리 자신이 진정 누구인지를 알기 위해 우리 몸을 살피려고 하지 않는다. 진정한 나는 몸이 아니라 그 안에 있는 영혼을 살핌으로만 알 수 있다는 것이다. 누군가 말했듯이 "'진짜 나'는 내 몸에 아주 단단하게 밀봉된 영혼"이며 이런 이해가 "나를 독특한 나 자신"이게 만든다.[11] 일반적으로 영혼은 몸보다 훨씬 더 중요한 의미를 지닌다고 이해된다. 신학자 N. T. 라이트는 다음과 같이 쓴다.

우리 시대를 지배하는 신화는 우리 각 사람 안에 내적이고 참되며 독특한 '자아'가 있다는 믿음이다. 이 자아는 여러 층위의 사회화 과정, 문화적이고 종교적인 통제 시도보다 더 깊이 묻혀 있는 것이다. 그리고 우리가 참된 인생을 살기 위해서는 반드시 되찾아야 하는 것이다.[12]

나는 방금 오스카상에 오른 영화 예고편을 한 편 보았다. 여기서 핵심은 한 노인이 젊은 주인공에게 다음의 말을 하는 장면일 것이다. "때가 되면 네가 어떤 사람이 되어야 할지 결정할 때가 올 게다. 그때가 되면 그 누구도 네 대신 결정하지 못하게 하렴." 라이트는 이렇게 추측했다. "모르긴 몰라도 오늘날 소설의 절반 가까이와 할리우드 영화 3분의 2가 이런 메시지를 암시하고 있을 것이다."[13]

이렇게 되면 말할 필요도 없이 우리가 누구인지에 대한 내적 감각으로 우리 자신을 정의하는 것이 우리의 윤리적 사고의 기초가 된다. 무엇이든 진정한 자아가 원하는 것, 욕망하는 것은 자기 정당화가 가능해진다. 우리는 진정성 있어야 한다. 이 탐색은 사실상 모든 형태의 행위를 옳은 것으로 만든다. 내면 깊은 곳에서 발견하는 열망과 갈망은 우리가 자신에게 진실하기 위해서는 인정받아야 한다.

이것이 영혼, 곧 자기 내면을 우선시하는 경향이 점점 우세해지는 이유다. 몸은 단지 우리 정체성에서 부수적일 뿐이다. 정말 중요한 것은 우리 내면에서만 찾을 수 있다.

이런 사고방식이 어떻게 서구 교회 전반에 엄청난 영향을 미쳤는지 발견하는 것은 그리 어렵지 않다. 초기 기독교인들은 자기희생과 타인을 섬기는 것을 가장 높은 가치로 생각했지만 오늘날 교회 리더들을 통해 우리가 자주 듣는 가르침은 우리 자신에게 진실해야 한다는 이야기다. 오늘날 우리 문화에서 영웅이란 다른 사람을 위해 자기 목숨을 던지는 사람이 아니라 모든 것을 제쳐 두고 누구의 말도 듣지 않고 스스로에게 솔직한 사람이다. 우리는 자기희생이 아니라 자기표현을 가장 존중한다. 심지어 교회 리더들이 '진정한 나를 찾기 위해' 성경적 윤리를 버리는 것을 정당화하는 것은 더 이상 보기 드문 일이 아니다. 그러나 진정한 나는 우리 몸을 떠나서는 올바르게 이해될 수 없다. 칼 트루먼은 이렇게 말한다.

[내 몸은] 내가 고소를 당했을 때 나는 훈족 아틸라라거나 낸시 펠로시(Nancy Pelosi)[14]라고 주장할 경우 그건 정신 나간 소리라고 말할 수 있는 가장 일차적인 증거일 것이다. 몸은 내 정체성에서 부차적 역할만 하지 않는다. 내 정체

성과 몸을 분리하는 것은 불가능하다. 몸을 단순히 부수적인 것으로 치부하거나 몸과 진정한 나를 대치시키는 것은 혼돈으로 가는 지름길이다.[15]

어떤 식으로든 몸을 정의하지 않는 서구의 관점은 우리가 몸으로 하는 일이 실제로 우리에게 어떤 영향도 미치지 않는다고 말하는 것과 같다. 만약 진정한 나란 우리가 이해하는 우리 내면이라면 우리 몸은 궁극적으로 아무런 의미가 없다. 단지 몸일 뿐 나는 아닌 것이다.

갈수록 더 많은 사람이 섹스를 단순히 육체적 행위로만 여기고 그 이상의 의미는 없다고 말하는 것에서 이런 경향을 더 명확히 볼 수 있다. "그냥 육체적 관계였을 뿐이야. 아무런 의미도 없어." 이런 식의 정당화를 종종 들을 수 있다. 그러나 만약 내 몸이 곧 나라면 내가 몸으로 하는 행위는 의미를 지닌다. 내 몸이 행하는 것은 곧 **내**가 행하는 것이다.

바울은 이를 고린도전서를 통해 보여 준다. 고린도에 있던 많은 사람이 몸으로 행하는 일에는 영적 의미가 없다는 사고방식을 가지고 있었던 것 같다. 이런 생각은 그들이 섹스는 영적인 것보다 하찮은 것이라고 믿게 했다. 그래서 바울은 결혼 안에서 섹스를 금하지 말라고 권해야 했다(고전 7:2-4). 또 다른 이들은 만약 몸에 영적인 의미가 없다면 누구와 섹스를 하든 전혀 중요하지 않다고 믿었고 결국 창부와 관계를 가지는 등 여러 형태의 성적 죄를 지었다. 바울이 이런 그들에게 해 준 말은 우리에게도 시사하는 바가 있다.

> 음행을 피하라 사람이 범하는 죄마다 몸 밖에 있거니와 음행하는 자는 자기 몸에 죄를 범하느니라(고전 6:18)

성적 죄가 다른 죄와 차별되는 지점이 있다. 이 죄는 "자기 몸"에 "죄를 범하"는 것이다. 우리 몸을 함부로 다루거나 잘못 사용할 수 있는 방법은 다양하다. 그러나 우리가 성적 죄를 지을 때는 더 깊고 더 오래 지속되는 어떤 죄를 짓는 것이다. 우리는 사실상 우리 자신에게 죄를 짓는 것이다.

앞서 보았듯이 바울은 서신에서 "너희 몸"과 "너희"를 상호 호환적으로 사용한다. 섹스가 우리 몸에 짓는 죄인 것은 우리 전인격에 짓는 죄이기 때문이고, 전인격에 짓는 죄인 것은 하나님이 섹스를 전인격이 모두 관여하도록 설계하셨기 때문이다. 우리는 실재로부터 도망칠 수 없다. 올바른 맥락에서 이는 영광스러운 사실이다. 섹스는 우리 자신을 상대방에게 온전히 내어 주는 방식이다. 결코 육체적 행위로 축소될 수 없다. 호주 출신 신학자이자 목회자인 마이클 젠슨(Michael Jensen)은 이렇게 쓴다. "'그냥 섹스일 뿐이잖아'라고 말하는 것은 기본적으로 당신이 몸과 떨어져 있다고 인정하는 것이고, 당신과 당신의 몸을 어떤 방식으로든 차단할 수 있다는 환상에 굴복하는 것이다."[16)]

바울도 이에 동의할 것이다. 정확히 말하자면 섹스는 근본적으로 부정할 수 없는 **인격적** 행위다. 성적 죄는 단지 몸을 잘못 사용한 것이 아니라 자기 자신을 범한 것이다. 바울이 우리에게 이런 성적 죄를 짓지 말고 피하라고 말한 것은 당연하다. 성적 죄의 반향은 엄청나다. 우리 정체성의 가장 깊은 곳에 영향을 미치기 때문이다.

그리스도인마다 문신이 좋은지 나쁜지 별 의미가 없는지 다른 관점을 가지고 있을 것이다. 그러나 문신하는 경향이 이렇게까지 증가했다는 현실은 간과할 수 없다. 아마 어떤 이들은 자기 몸이 자신의 것임을 보여 주기 위해 문신으로 브랜드화할 필요가 있다고 생각하는지도 모른다. 아무것도 그려지지 않은 몸은 내가 진정 누구인지, 나만의 이야기를 들려줄 수 없으니 말이다. 또 다른 이들에게 문신은 단지 자신의 신체적 매력을 뽐내기 위한 시도일지도 모른다. 이렇듯 문신은 우리가 몸을 너무 크게, 혹은 너무 작게 생각하고 있다는 신호일 수 있다.

성경만이 올바른 관점을 가질 수 있도록 돕는다. 정체성에 관한 한 우리 몸이 전부는 아니다. 그렇다고 아무것도 아닌 것도 아니다.

03

남자와 여자를 창조하시고

몸과 생물학적 성

2015년 말(벌써 몇 광년은 지난 것 같다), "배니티 페어"(Vanity Fair) 표지에 올림픽 챔피언 브루스 제너(Bruce Jenner)가 등장했다. 제너는 자신을 여자로 규정했고 "날 케이틀린이라고 불러 주세요"라는 표제 아래 도발적인 포즈를 취하고 있었다. 제너는 꽤 오랫동안 트랜스젠더로 불렸지만 브루스에서 케이틀린으로 넘어가는 공개 여정은 결국 완성되었다. 다른 것보다 이 사건은 트랜스젠더 혁명이 공식적으로 성공했다는 신호 같았다.

물론 그 뒤로 정말 많은 일이 일어났고 "배니티 페어"의 표지 따위는 이제 오래된 뉴스가 된 것 같다. 이런 건 더 이상 놀랍지 않다. 다른 여러 유명인사도 공개적으로 자신이 트랜스젠더임을 밝혔고, 담론은 새롭게 전개되었다. 서구 사회에서 성과 젠더(sex and gender)[1]에 대해 생각하고 말하는 방식은 극적으로 변했다. 불과 십 년 전만 해도 지배적인 문화적 지혜로 여겨졌던 것들이 이제는 완전히 반대가 되어 버렸다. 새로운 규율이 생겼고, 새롭게 사용해야 하는 말과 피해야 할 말, 암묵적으로 드러내야 할 태도 들이 생겼다. 그리고 이것들은 아주 강압적으로 요구되곤 한다.

변화를 겪는 사람들은 당연히 혼란스러울 수 있다. 이 시기에 태어나 자란 사람들에게 이 변화는 직관적이고 정상적인 것이다. 그러나 문화적 이민자처럼 느끼든지 문화적 토박이처럼 느끼든지 우리 모두에게 동일한 것은 젠더에 대한 생각은 몸에 대한 생각을 깊이 반영한다는 사실이다. 솔직히 말해 우리 모두는 성기를 깊이 의식하고 있다. 문제는 대체 그 기관에 어떤 의미가 있느냐는 것이다. 그것이 우리가 누구인지 알려 주는가? 우리가 주변 세계를 어떻게 경험하는지 좌우하는가?

아주 세속적 문화에서도 이 질문들에 대한 모두가 공감하는 통일된 답은 없다. 대부분의 사람은 트랜스젠더들이 자신의 선택에 따라 스스로를 정의하는 것을 환영하는 듯하지만, 생물학적 특징이 젠더 이해에 어떤 영향을 미치는지는 어마어마하게 논쟁적인 주제다. 트랜스젠더 인권을 옹호하는 많은 사람은 전혀 관련이 없다고 주장하며 중요한 것은 오로지 자신이 스스로를 어떻게 생각하느냐라고 말한다. 트랜스젠더 여성은 (생물학적으로 남자로 컸으나 지금은 스스로를 여자로 생각하는) 자신이 생물학적 여성으로 자란 사람들과 다를 바 없다고 필사적으로 주장한다("트랜스젠더 여성은 여성이다").

 그러나 세속 세계의 또 다른 그룹들은 그렇게 확실하게 말하지 못한다. 어떤 트랜스젠더들은 생물학적 남성과 트랜스젠더 남성 간에, 또는 생물학적 여성과 트랜스젠더 여성 간에 여전히 차이가 존재한다고 믿는다. 어떤 페미니스트들은 트랜스젠더 이데올로기의 이런 측면에 의문을 제기하곤 한다. 페미니즘은 전통적으로 인류사 안에서 생물학적 남성이 생물학적 여성을 억압해 왔으며, 이런 측면에서 트랜스젠더 여성은 생물학적 여성과는 다르게 컸기 때문에 여성으로서 온전한 경험을 했다고 볼 수 없다는 믿음에 기초해 있다. 이뿐 아니라 LGB[2]에 속한 많은 사람도 이 같은 목소리를 낸다. 게이나 레즈비언으로서의 경험은 동일한 생물학적 성을 가진 사람들에게 끌리는 것에 기초를 두고 있지만 반드시 성 정체성(gender identity)이 동일해야 하는 것은 아니다. 따라서 이들은 남자와 여자 사이에 생물학적 차이가 있다는 견해에 기초를 두고 있다고 주장하고 싶어 한다.

 기독교 경전인 성경은 이에 대해 특별한 통찰과 명료함을 제공해 준다. 성경은 우리의 생물학이 의미가 **있다**고 말한다. 남자 또는 여자로 커 가는 경험은 우리를 우리 되게 하는 과정의 일부다. 이와 동시에 남자와 여자라는 생물학적 특징 외dp 영역도 실재하며, 그것이 의미를 지닌다고 말한다. 비록 문화와 교회 내에서 종종 잘못 식별되지만 말이다.

몸을 지녔다는 사실은 우리를 인간이게 하는 근본 영역이다. 몸 없이는 온전히 당신일 수 없다. 당신의 몸 없이는 온전히 당신일 수 없다. 몸은 선물이다. 또한 당신을 향한 부르심의 일부다. 당신이 존재하는 방식에는 몸과 성이 포함된다. 우리의 시작은 성경이어야 한다. 창조 기사, 특히 하나님이 인간을 만드시는 부분은 이렇게 말한다.

> 하나님이 이르시되 우리의 형상을 따라 우리의 모양대로 우리가 사람을 만들고 그들로 바다의 물고기와 하늘의 새와 가축과 온 땅과 땅에 기는 모든 것을 다스리게 하자 하시고

> 하나님이 자기 형상 곧 하나님의 형상대로
> 사람을 창조하시되
> 남자와 여자를 창조하시고

하나님이 그들에게 복을 주시며 하나님이 그들에게 이르시되 생육하고 번성하여 땅에 충만하라, 땅을 정복하라, 바다의 물고기와 하늘의 새와 땅에 움직이는 모든 생물을 다스리라 하시니라(창 1:26-28)

성경에서 인간이 처음 등장하는 장면이다. 하나님은 우리를 창조하는 의도를 선포하시고 그분의 형상을 따라 우리를 창조하셨다. 또한 우리의 생물학적 성이 가장 처음 언급된 장면이기도 하다. 우리는 단지 사람인 것이 아니다. 우리는 남자와 여자로 창조되었다. 시작부터 우리 인류의 성적 특징이 부각되고 있는 것이다. 그렇다면 남성과 여성이 되는 것에 대해 여기서 우리는 무엇을 배울 수 있는가?

남성성과 여성성은 체화된다

남성성과 여성성은 육체에 기초를 두고 있으며 심리학적으로 결정되는 것이 아니다. 창세기 1장 27절은 우리가 남자와 여자로 창조되었다고 말하는데, 이는 우리가 **육체적으로** 남자와 여자로 창조되었다고 말하는 것이다. 창세기 1장 전체에 걸

쳐 하나님은 창조 세계를 물질로 만들고 채우셨다. 인간을 창조하시기 바로 전까지 하나님은 땅, 바다, 하늘을 뒤덮을 육체적인 피조물들을 만드셨다. 하나님이 사람을 창조해야겠다고, 사람을 남자와 여자로 창조해야겠다고 말씀하셨을 때, 그분은 분명 남성성과 여성성을 육체와 무관한 의미로 말씀하신 것이 아니었다. 하나님이 우리를 육체적으로 만드셨다는 것은 우리를 육체적으로 남자와 여자로 만드셨다는 것이다.

물론 이러한 하나님의 설계에 대해 이보다 할 말은 훨씬 더 많다. 남자와 여자로 지음 받았다는 것이 단순히 생물학에 그치지 않음을 뒤에서 살펴볼 것이다. 그 이상의 것이 분명 있다. 그렇다고 그보다 덜한 것도 아니다. 육체를 전혀 언급하지 않는 남성성과 여성성의 정의는 성경적이라 할 수 없다.

생물학적 현실이 어떻든 자신의 생물학적 성에 아주 깊고 근본적인 불편함을 호소하는 이들이 있다. 이런 느낌을 '성 불쾌감'(gender dysphoria)이라 한다. 이런 경험은 실재하며, 우리가 이해하고 관심을 가져야 할 것이다. 이런 일을 겪는 이들은 말뿐인 반응이나 (더 심하게는) 경멸하는 말이 아닌 도움과 공감을 필요로 한다. 나중에 다시 살펴보겠지만 다른 사람은 몰라도 그리스도인에게는 이런 어려움을 겪는 이들을 불쌍히 여겨야 할 분명한 이유가 있다. 그러나 창세기 1장은 우리의 경험이 아무리 복잡하더라도(그리고 나는 우리 대다수가 이런 경험을 직관적으로 이해할 수 없으리라 판단한다) 그 경험이 우리가 정말 누구인지를 최종으로 판단하게 해서는 안 됨을 보여 준다. 우리의 성 정체성은 우리의 감정이 아니라 우리 몸에서 발견하게 되는 것이다.

하나님이 우리를 남자와 여자로 만드신 것은 창세기 2장에 나와 있다.

> 이러므로 남자가 부모를 떠나 그의 아내와 합하여 둘이 한 몸을 이룰지로다 아담과 그의 아내 두 사람이 벌거벗었으나 부끄러워하지 아니하니라(창 2:24-25)

이제까지 'male'(남성)과 'female'(여성)로 표현되었던 것이(인간에게만 사용된 표현은 아니다) 여기서 'man'(남자)과 'woman'(여자)으로 표현된 것을 발견하게 된다(이는 인간에게만 사용되는 표현이다).[3] 롭 스미스(Rob Smith)는 다음과 같이 말한다.

> 창세기 1장의 언어가 'male'과 'female'에서 2장의 'man'과 'woman'으로 바뀐 것은 다른 성경 이야기에서도 명백하게 발견되는 사실을 분명히 암시해 준다. 즉, 한 사람의 객관적 젠더(그들의 젠더가 사실 무엇인지)와 특정한 성 역할(그들이

어떤 모습이어야 하는지)은 그 사람의 생물학적 성이 드러내며 결정한다. 다시 말해 인간 'male'은 'man'으로(남편과 아버지의 가능성을 지닌 존재로) 자라며 인간 'female'은 'woman'으로(아내와 어머니의 가능성을 지닌 존재로) 자란다. 이런 이원적 연결고리가 인간의 결혼을 가능하게 만든다.[4]

남성성과 여성성은 이원적이다

창세기 1장에서 인류는 '남성과 여성'(male and female)으로 묘사된다. 두 종류의 성이 언급된다. 창세기 1장이 말하는 바에 따르면 생물학적으로 성별은 두 가지만 존재한다. 물론 우리 모두 성과 젠더에 대한 다양한 경험을 가지고 있다. 예를 들어 어떤 사람들은 자신을 남성으로 느끼지만(남성성을 어떻게 생각하는지와 무관하게) 완전히 남성이 아닐 수 있다. 이미 살펴본 대로, 그리고 나중에 더 상세히 살펴볼 내용대로, 이런 경험은 성 불쾌감이라 한다. 생물학적으로는 남성이지만 스스로를 여성으로 느끼는 것과 같은 경우다. 어떤 사람들은 자신이 그 사이 어디쯤 존재한다고 느낀다. 그러나 우리의 경험이 우리에게 무엇을 말해 주든, 우리가 어떻게 느끼느냐에 따라 성경을 바꾸려

하기보다 성경에 비추어 우리가 누구인지 검토해야 한다.

창세기 기사는 우리에게 두 가지 성을 제시하며 그 이상의 수를 말하지 않는다. 성을 인간이 동일한 분포로 퍼져 있는 스펙트럼이나 연속적 실재로 말하지 않는다.[5] 그렇다면 남성도 여성도 아닌 듯 태어난 사람들은 어떤 이들이란 말인가? 이 현실은 어떻게 이해해야 할까? 이런 이들은 분명 존재하며 그 결과 그들 중 다수가 상당한 어려움을 겪는다. 간성(intersex) 인구의 존재는 생물학적 이상이지 생물학적 규범이나 세 번째 생물학적 성을 말해 주지 않는다. 물론 이에 대해선 더 많은 설명이 필요하다.

앞서 살펴본 것처럼 우리가 마주할 수 있는 모든 종류의 생물학적 도전과 무관하게, 우리 모두는 아름답고 경외심을 자아내는 존재로 창조되었다. 여기에는 예외가 없다. 다음 장에서 상세히 살펴볼 테지만, 우리의 몸은 모두 넘어졌다. 우리 모두는 어느 정도 몸의 깨어짐을 경험한다. 그러나 그 사실이 우리를 만드신 하나님의 보살핌에서 멀어지게 하지는 않는다.

우리는 또한 모든 사람이 하나님의 형상으로 창조되었다고 주장한다. "하나님이 자기 형상 곧 하나님의 형상대로 사람을 창조하시되 남자와 여자를 창조하시고"라는 말씀은 남자 같지 않거나 여자 같지 않은 사람은 하나님 형상으로 창조되지 않았다는 말씀이 아니다. 창세기 1장은 하나님의 형상을 단지 생물학적 성이 명확하게 태어난 사람에게만 국한된 말씀이 아니다.

어떤 이들은 창세기 1장의 생물학적 성이 이원적이라 할지라도 이는 세상의 모든 것이 죄로 인해 뒤틀리는 창세기 3장 이전 세상이라고 말할지도 모른다. 다시 말해 창세기 1장은 **그때** 우리를 어떻게 만드셨는지에 관한 것이지 **지금** 우리를 어떻게 만드셨는지에 관한 것이 아니란 이야기다. 그러나 남성과 여성(male and female)이라는 동일한 표현은 창세기 3장의 인류 타락 이후에도 성경 전체에서 계속 반복되고 있다는 사실을 알 필요가 있다. 고작 두 장 뒤에 타락 후 상태를 말해 주는 이 부분을 보라.

> 이것은 아담의 계보를 적은 책이니라 하나님이 사람을 창조하실 때에 하나님의 모양대로 지으시되 남자와 여자(male and female, 남성과 여성)를 창조하셨고 그들이 창조되던 날에 하나님이 그들에게 복을 주시고 그들의 이름을 사람이라 일컬으셨더라(창 5:1-2)

이 구절은 창세기 3장 이후의 세계에서 하나님이 어떻게 인류를 창조해 오셨는지 그 의미를 재확인해 준다.

훨씬 긴 시간이 흐른 후 예수님이 이 땅에서 사역하실 때 그분의 입술을 통해 동일한 진리를 확인하게 된다.

바리새인들이 예수께 나아와 그를 시험하여 이르되 사람이 어떤 이유가 있으면 그 아내를 버리는 것이 옳으니이까 예수께서 대답하여 이르시되 사람을 지으신 이가 본래 그들을 남자와 여자로 지으시고 말씀하시기를 그러므로 사람이 그 부모를 떠나서 아내에게 합하여 그 둘이 한 몸이 될지니라 하신 것을 읽지 못하였느냐(마 19:3-5)

바리새인들이 예수님께 이혼에 관해 질문했다. 예수님은 결혼이 얼마나 엄숙한 연합인지를 설명하심으로써 질문에 대답하셨다. 그런데 결혼에 관해 말씀하시면서 예수님은 (창세기 2장의) 첫 결혼으로 돌아가셔야 했을 뿐 아니라 인류가 (앞서 살펴본 것처럼 창세기 1장의) 남성과 여성으로 창조되었다는 이야기까지 가셔야 했다. 남자와 여자 구분이 이원적이라는 사실을 재확인하셨을 뿐 아니라 그렇게 하심으로써 우리에게 결혼이 존재할 수 있는 근거가 여전히 남아 있다는 사실을 보여 주신 것이기도 하다. 하나님이 우리를 남성과 여성으로 만드셨기 때문에 결혼이 존재할 수 있다. 창세기 2장의 아담과 하와 사이에만 존재하는 관계가 아니라 그때부터 지금까지 이어지는 관계로 말이다. 결혼은 성적으로 서로 다른 두 사람의 연합에 근거를 두고 있다. 따라서 남성과 여성이란 무엇인가에 대한 이해와 경험을 죄가 아무리 엉망으로 만들었을지라도 성이 양성으로 존재한다는 구분까지 제거해 버린 것은 아니다. 우리 인간은 셀 수 없는 수의 성을 가진 것이 아니다. 우리는 여전히 하나님의 형상으로서 남자와 여자로 창조된 자들이다. 이를 통해 간성과 같은 경우는 타락 이후에 등장한 상태임을 알 수 있다. 이것은 하나님이 인류를 창조하실 때 가지셨던 첫 의도에 속한 것이 아니다. 제3의 성 형성이라기보다 남성-여성 패턴의 변이로 이해해야 한다.

주목할 점은 예수님이 남성과 여성의 이원적 구분이 지속적으로 중요함을 재확인하신 다음 이에 대한 실질적 경험은 항상 분명하지 않을 수도 있다고 말씀하신 것이다.

> 어머니의 태로부터 된 고자도 있고 사람이 만든 고자도 있고 천국을 위하여 스스로 된 고자도 있도다 이 말을 받을 만한 자는 받을지어다 (마 19:12)

예수님은 고자에 관해 말씀하시면서 어떤 이들은 "태로부터"

그렇게 되었다고 말씀하신다. 고자는 (황제 가까이서 섬기는 일과 같은) 특별한 직업적 이유로 거세된 남자들을 가리키는 말이었다. 그러나 어떤 이들은 날 때부터 고자다. 태어날 때부터 다른 사람들과는 다른 것이다. 달리 말하면 모든 남자 아기라면 가지고 있어야 하는 생물학적 특징을 다 가지고 태어나지 못한 사람들이 있다는 뜻이다. 물론 간성인 몸에는 다른 특징들도 있다. 예수님은 여기서 자기 의지와 무관하게 '불완전하게' 태어난 남성에 대해 말씀하셨다. 그렇더라도 그 내용은 우리가 경험하는 육신의 남성 됨과 여성 됨이 얼마나 복잡한 실재인지를 부각해 보여 준다. 이중성이 존재하지만, 모든 것이 손쉽게 이해될 수 있다는 것은 아니다. 생물학적 예외가 존재한다고 해서 하나님이 우리를 남자와 여자로 만들지 않으셨다고 말할 수 없는 것처럼 말이다.[6] 롭 스미스는 이렇게 결론짓는다. "실재가 정확히 맞아떨어지지 않더라도 성경은 성/젠더가 둘로 나뉜다는 사실을 희석하기를 거부한다."[7]

다음의 비유가 (불완전하나마) 도움이 될 것이다. 색맹인 사람은 녹색과 적색을 구분하기 힘들어하거나 아예 구분하지 못한다. 색맹은 찾기 어렵지 않다. 어쩌면 당신이 색맹일지도 모른다. 하지만 감사하게도 일상을 살아가는 데 지나친 거침이 되지 않도록 해 주는 여러 수단이 존재한다. 그렇더라도 색맹은 많은 사람에게 현실이다. 그러나 어떤 이들이 녹색과 적색을 구분하기 힘들어한다고 해서 녹색과 적색이 존재하지 않는 것은 아니다. 분명 존재한다. 이것은 객관적 실재다. 어떤 이들이 둘을 헷갈린다고 해서 실재가 바뀌지는 않는다. 사실 우리가 운전할 때 우리의 목숨은 이 두 가지 색이 실제로 존재하고 주관적으로 결정되지 않는다는 사실에 달려 있다. 하지만 이 색깔들에 차이가 있다는 사실이 모든 사람이 아무런 혼란과 어려움 없이 두 색깔을 구분할 수 있다는 것을 의미하지는 않는다. 그런 사람들 역시 존재한다.

마태복음 19장의 이 짧은 대목만으로 간성 현상에 대한 모든 질문에 답할 수는 없을 것이다. 이 말씀을 하실 때 예수님의 초점도 아니었다. 그럼에도 이 본문은 우리가 알아야 할 가장 중요한 사실을 알려 준다. 예수님은 생물학적 실재가 고통스럽고 혼란스러운 이들을 이해하시고 그들을 보신다. 그분은 이를 깨어지고 타락한 세상에서 어떤 사람들이 겪을 수 있는 문제로 여기신다.

생물학적 혼란에 대해서는 앞으로 살펴보겠지만 우리 모두가 어떤 방식으로든 생각해야 하는 육체의 깨어짐의 일부다. 우리 한 사람 한 사람의 몸은 불완전하며 어느 정도 고통을 야기한다. 이런 고통은 사람마다 정도가 크게 다를 수 있으나 자신만 독특한 고통을 겪고 있다고 생각해서는 안 된다. 당신의 경험은 다른 사람들의 경험과 다를 수 있다. 당신을 제외한 그 누구도 이해할 수 없다고 생각할지도 모른다. 그들이 아무리 노력해도 당신을 이해할 수 없다고 생각할 것이다. 그럴지도 모른다. 그러나 예수님은 그 모든 것을 아시며 보신다. 예수님은 이 땅에서 인간으로 사시면서 극심한 신체적 고통을 당하셔야 했다. 예수님은 "우리의 연약함을 동정하지 못하실 이가 아니요 모든 일에 우리와 똑같이 시험을 받으신 이로되 죄는 없으시"다(히 4:15).

남성-여성의 구분을 말씀하신 이분은 우리 각자가 살면서 마주하는 고유한 문제들을 이해하신다.

남성성과 여성성은 하나님 형상을 담지한 우리에게 필수 요소다

우리 인간이 하나님이 창조하신 다른 모든 피조물과 동일하게 중요한 면이 있다. 바로 하나님이 창조주시며 우리는 그분의 피조물이라는 사실이다. 우리는 그분께 잇대어 살아가며 그분의 통치 아래 있다. 우리는 때로 스스로를 지나치게 높게 생각한 나머지 우주를 운행하시는 하나님보다 조금 더 알지도 모른다고 느끼곤 한다. 그러나 결국 우리와 우주는 온전히 그분께 속해 있지 그분이 우리에게 속해 있는 것이 아니다.

인간이 다른 모든 피조물과 꽤나 다른 중요한 이유도 있다. 창세기 1장이 이미 우리에게 보여 주었다. 우리는 그분의 형상으로 창조되었다.

> 하나님이 이르시되 우리의 형상을 따라 우리의 모양대로 우리가 사람을 만들고 그들로 바다의 물고기와 하늘의 새와 가축과 온 땅과 땅에 기는 모든 것을 다스리게 하자 하시고
>
> 하나님이 자기 형상
> 곧 하나님의 형상대로 사람을 창조하시되
> 남자와 여자를 창조하시고(창 1:26-27)

인간의 고유함은 우리가 이 땅에 존재하기 전, 곧 우리의 창조가 발표되는 방식으로 예상되었다. 이전까지 하나님은 "빛이 있으라", "뭍이 드러나라" 같은 식으로 우주의 온갖 것을 소환하여 창조하셨다. 그러나 하나님이 사람을 창조하실 때는 만

드시기 전에 당신의 뜻을 밝히 드러내신다. "있으라"가 아니라 "우리가 … 만들고"라고 하신 것이다.

인간에 대한 이 특별한 기사가 의미하는 바를 즉시 알 수 있다. 우리는 하나님의 형상으로 창조되었다. 피조 세계의 다른 모든 것은 일반적 의미에서 하나님의 영광을 반영하지만 인간만은 하나님의 형상으로 창조되었다고 묘사되었다. 우리가 하나님을 반영하는 것은 전혀 다른 차원이다. 우리는 고유하고 더 직접적인 방식으로 하나님께 영광을 돌릴 수 있다. 우리는 그분을 **닮는다**. 이는 단지 정보 측면에 그치지 않는 가슴 벅차게 하는 실재다. 창조 기사가 시 형식으로 쓰인 것이 우연은 아니리라. 한 편의 예술 작품이다. 이뿐 아니라 우리가 하나님의 형상으로 창조되었다는 사실은 창세기 1장 27절에서 다시 한 번 강조된다. 하나님의 형상을 담지하는 것이 곧 인간으로 부름 받은 이유다.

하나님의 형상으로 창조되었다는 것은 우리가 그분을 이 땅에서 반영할 능력과 소명을 가지고 있음을 의미하며, 온 피조 세계에서 하나님을 대표하도록 만들어졌다는 뜻이다. 이는 하나님이 막 창조된 인간에게 주신 임무에서 확인된다.

하나님이 그들에게 복을 주시며 하나님이 그들에게 이르

시되 생육하고 번성하여 땅에 충만하라, 땅을 정복하라, 바다의 물고기와 하늘의 새와 땅에 움직이는 모든 생물을 다스리라 하시니라(창 1:28)

다시 말해 인간은 하나님과 같이 되어 피조 세계를 자신들이 원하는 대로 자신들을 위해 개발하고 보살필 수 있었던 것이다. 물론 이 통치는 그 자체가 목적이 아니라 창조주가 자신이 만든 세계에 담은 뜻을 표현하는 수단이 되었다. 그래서 "하나님이 세우신 창조 법칙을 반영하고 지속시키며 확장"하도록 말이다.[8] 다르게 표현하자면, "하나님은 그분을 반영하라는 고귀한 목적을 위해 우리를 만드셨다."[9]

우리의 형상이 강조될수록 우리가 남성과 여성이라는 성적 차이를 가지고 창조되었음도 함께 강조된다. 이 차이는 우연이 아니다. 우리의 성적 차이는 우리가 하나님을 반영하는 형상이라는 사실에 묶여 있다.

인간으로서 각 사람을 구분할 수 있는 기준은 다양하다. 서로 다른 기질, 성격, 민족적 배경, 문화적 배경을 가지고 있다. 입맛도 다르고 기술이나 능력도 다르다. 그러나 이 모든 차이가 서로 같은 정도로 우리를 정의하는 것은 아니다. 남성성과 여성성으로 나뉘는 성적 차이는 이 중에서도 비교 불가한 의미를 지닌다. 앨러스테어 로버츠의 말대로 "성적 차이는 유난히 도드라지는 차이로 창조 기사에서 언급된다."[10] 우리가 하나님을 반영하고 형상화하는 방법에 성적 차이가 얼마나 궁극적 역할을 하는지를 이해하지 못하면 남자와 여자가 된다는 것이 어떤 의미인지 온전히 이해하지 못할 것이다.

물론 우리 인간만 남성과 여성으로 창조된 것은 아니다. 나는 지금 친구네 집 방에서 이 글을 쓰고 있는데 여기에는 항상 반려묘로 함께해 왔던 고양이 두 마리가 있다. 한 마리는 수컷, 다른 한 마리는 암컷이다. 자연 세계는 이런 성적 차이를 지닌 피조물들로 가득 차 있다. 그렇다면 정말 중요한 것은 우리가 남성과 여성으로 창조되었다는 사실 자체가 아니라 이 사실이 우리에게 어떤 의미가 있느냐다. 이런 차이는 동물의 성이 보여 주지 못하는 무언가를 반영하고 있다.

레이 오틀런드(Ray Ortlund)는 이렇게 설명한다. "남성과 여성 모두 동일하게 하나님의 영광을 찬란하게 드러낸다."[11] 이는 분명히 자녀 출산 이상을 말하는 것이다. 오틀런드는 계속해서 말한다. "동물들의 생식은 **당연한 것**이지만 인간의 성은 **향유하는 것**이다."[12] 인간의 성적 차이는 단지 기능적인 것 이상의 굉장히 눈부시고 아름다운 무언가가 있다. 남자와 여자는 동등하다. 물론이다. 그러나 거기에는 그 이상의 무언가가 있다.

남자와 여자가 각각 반쪽씩 담당하여 함께 하나님의 형상을 완성한다는 의미가 아니다. 그렇지 않다. 인간 개개인은 남자든 여자든 홀로 온전한 하나님의 형상이다. 창세기 1장은 그런 남자와 여자가 하나님을 더 잘 반영하기 위해서는 서로가 필요하다는 사실을 보여 주고 있는 것이다. 남자와 여자가 함께 만들어 가는 그림에는 우리를 더욱 풍성하게 해 주는 무언가가 있다. 팀 켈러(Tim Keller)는 이렇게 표현한다.

창세기 1장에서 서로 다르지만 상호 보완적 관계로 함께 일하도록 맺어진 짝을 보게 된다. 하늘과 땅, 바다와 뭍, 그리고 심지어 하나님과 인류. 이렇게 서로 닮은 곳 없는 것들이 함께 연합하는 관계를 통해 역동적인 전체를 창조해 내어 더 많은 생명과 더 큰 아름다움을 생산해 내는 것이 하나님의 창조의 놀라움이다. N. T. 라이트가 지적했듯이 창세기 2장 끝부분에서 남성과 여성이 창조되어 서로 연합하게 되는 것은 이 모든 창조 역사의 절정이다.
이는 남성과 여성이 고유하며 교체 불가능한 영광을 지니고 있음을 의미한다. 그들은 상대방이 볼 수 없는 것을 보고 할 수 없는 일을 한다. 성은 결혼이라는 평생의 언약 안에서 이런 강점들과 영광들을 하나로 엮는 길로 하나님이 창조하신 것이다. 결혼은 인생에서 남성과 여성의 재결합이 가장 (유일하지는 않지만) 긴밀하게 일어나는 장소다. 남성과 여성은 다시 만들어져 가고 서로에게 배우며 함께 일해 가는 존재다.[12)]

우리에게는 서로가 필요하다. 남성과 여성은 각각 하나님의 형상을 이룬다. 그럼에도 둘의 상호 작용을 통해 그 형상은 더 완전하게 반영된다.

남성과 여성으로서 하나님을 반영한다는 사실은 서구 사회에서 상당히 생소하게 들린다. 그렇더라도 어느 정도는 본성적으로 이해할 수 있다. 하나의 성만 존재하게 되는 일이 어떤 식으로든 점차 줄어드는 특정 상황들이 감지된다. 예를 들어 어떤 세속 리더십의 자리들은 오직 남자들만 있다면 공백이 생기게 된다. 단지 대표성이나 공정성에 관한 문제가 아니다. 각자의 영광이 상호 작용하는 것은 우리 모두를 풍요롭게 한다. 남성 됨과 여성 됨은 우리를 더 나은 인간 됨으로 나아가도록 돕는다. 단지 생물학적 문제가 아니라 신학적 문제이며, 인간 번식의 문제가 아니라 더 온전한 하나님의 형상에 관한 문제다.

04

하나님이 사람을 만드시다

몸과 젠더

나는 최근 새로 구한 집에 둘 가구를 고를 때보다 가구를 조립하는 데 더 많은 시간을 쓰는 중이다. 앞으로 육각렌치를 보지 않아도 된다면 진짜 행복할 것 같다. 말할 필요도 없이, 결과는 한결같이 그저 그렇다. 땀으로 범벅이 된 하루를 마무리하며 나에게 해 줄 수 있는 최고의 칭찬은 "딱 할 만큼 했다" 정도다. 그렇지만 인생의 3분의 1은 보낼 침대를 조립하곤 "딱 할 만큼 했다"라고 평가할 수밖에 없다는 건 참 별로다. 이 작업으로 내 등은 엄청나게 뻐근해졌다.

하지만 하나님은 이와 같지 않으시다. 하나님이 나 같은 분일까 봐 걱정하는 모든 사람에게 희소식이다. 그리고 우리도 예외는 아니다.

창세기 1장의 창조 기사에는 리듬이 있다. 창조는 총 6일 동안 이루어졌으며 "하나님이 보시기에 좋았더라"는 표현이 매일의 끝마다 반복된다. 하나님은 자신이 창조하는 것들에 무심하지 않으셨던 것이 분명하다. 창조의 한 부분을 끝마치자마자 다른 프로젝트로 관심을 옮겨 버리시지 않았다. 매일 창조를 마무리하시고 (말하자면) 한 발짝 물러서서 감상하신 것이다. 그리고 매일 창조의 결과를 평가하실 때마다 하나님은 온전히 기뻐하셨다. 그래서 우리는 계속해서 이 문구를 보게 되는 것이다. "좋았더라", "좋았더라", "좋았더라".

적어도 우리가 등장하기 전까지는 그랬다. 하나님이 자신의 형상, 즉 남성과 여성으로 우리를 창조하신 날 끝에는 다르게 말씀하신다. "심히 좋았더라"(창 1:31). 하나님의 형상을 담은 남성과 여성의 창조로 인해 하나님의 피조 세계가 "좋았더라"에서 "심히 좋았더라"로 끌어올려진 것이다. 물론 이는 성경의 계속 이어지는 내용에서 지속되지 못한다는 것을 말할 필요는 없으리라. 그럼에도 이 사실은 유효하다. 하나님이 계획하신 우리의 원래 모습에는 근본적으로 '심히 좋은 것'이 있다. 여기에서 우리가 남자와 여자로 창조된 것이 핵심 요소다.

물론 하나님이 계획하신 남자와 여자에 대해 말할 때 금새 중요한 질문들이 우리 마음으로 밀려온다. 남자라는 것, 또는 여자라는 것은 정확히 어떤 **의미**인가? 어떤 모습이어야 하는가? 어떤 느낌인가?

이 질문들은 추상적이지 않다. 우리 모두는 어떤 식으로든 자신의 성을 어떻게 경험하는지에 대한 이야기를 가지고 있다. 우리가 어떻게 평가되어야 하는지, 그 기준에 도달했는지, 아니면 안타깝게도 도달하지 못했는지 모종의 직관적 이해를 가지고 있다. 우리가 스스로에 대해 어떻게 느끼느냐는 사회적 자신감이나 정신 건강과 더불어 이에 대한 이해에 뿌리를 두고 있다. 중요한 문제다.

하지만 혼란스럽다. 잠정적이고 가능한 답변이 될 수 있는 것은 너무나 많은 것 같지만 서로 일관성이 없다. 남성과 여성이 어떠해야 한다는 기준은 문화마다 다를 뿐 아니라 문화 내에서도 상당히 다르다. 세대마다 지역마다 다르며 심지어 이 탈의실과 바로 옆 탈의실의 기준이 다를 수 있다. 내가 이 모든 질문에 답할 수 있을지 모르겠다. 그러나 성경을 살펴보면 생각을 시작해 볼 두 개의 기본적인 좌표를 찾을 수 있었다.

첫 번째 관찰할 수 있는 것은 하나님이 말씀하신 내용의 대부분은 남자와 여자 모두에게 차이가 없다는 점이다. 너무 당연해서 지적할 필요가 없을 수도 있겠다. 최고의 마케팅 전략을 펼치는 출판사라 할지라도 남자를 위한 성경과 여자를 위한 성경을 따로 만들지 않는다. 동일한 성경이 둘 모두에게 주어졌다. 그리고 성경에 담긴 모든 말씀은 남자와 여자가 함께 읽어야 한다. 심지어 남자에게 말씀하신 부분도 여자가 읽어야 하며 여자에게 말씀하신 부분도 남자가 읽어야 한다. 그러니 남자와 여자 사이의 차이가 무엇이든 그 차이를 있는 것 이상으로 과장해서는 안 된다. 우리는 서로 다른 종이 아니다. (오래전에 크게 인기를 끌었던 책 제목을 비유로 들자면) 남자는 화성에서 왔고 여자는 금성에서 온 것이 아니다. 서로를 얼마나 신비롭고 놀랍고 기쁨을 주는 존재로 여기든지 우리는 다른 점보다 닮은 점이 훨씬 더 많다.

사실 성경에서 남자와 여자가 처음으로 나눈 대화는 이 사실을 잘 보여 준다. 이미 앞에서 창세기 1장이 "좋았더라", "좋았더라"를 반복하다가 마지막에 "심히 좋았더라"라고 쓴 것을 살펴보았다. 하지만 "심히"라는 단어를 추가한 것보다 훨씬 더 우리를 불안하게 만드는 것은 창세기 2장에서 "아니"라는 부정어가 추가된 것이다.

아담과 하와의 창조를 더 클로즈업해서 묘사한 2장에서 아담은 홀로 있었다. 이때 하나님은 한걸음 물러서서 아담이 홀로 있는 것이 좋지 않다고 말씀하신다.

> 여호와 하나님이 이르시되 사람이 혼자 사는 것이 좋지 아니하니 내가 그를 위하여 돕는 배필을 지으리라 하시니라 (창 2:18)[1)]

남자 홀로 있는 것은 적절하지 못하고 충분하지 못했다. 그에게는 꼭 맞는 타인이 필요했다. "배필"이라는 표현은 '그에게 꼭 맞는'이라는 뜻으로, 그와 짝을 이룰 사람을 의미한다.

그러나 하나님은 곧바로 첫 번째 여자를 창조하지 않으셨다.[2)] 하나님은 수많은 동물을 데리고 와 아담에게 이름을 짓도록 하신다. 여기서 이름을 지었다는 것은 동물 하나하나에게 개인적인 이름을 지어 주었다는 의미가 아니다. 그들을 분류했다는 뜻이다. 각 종류에 알맞은 이름을 부여한 것이다. 따라서 이 작업을 할 때 상당히 섬세하게 각 생물 종류의 본성을 알 필요가 있었다. 그래야 그들에게 적절한 명칭을 줄 수 있기 때문이다. 이 작업을 하면 할수록 아담은 그들이 자신과 다른 존재라는 사실을 깨달았을 것이다. 결론은? "아담이 돕는 배필이 없으므로"(창 2:20). 아담의 상태에 대한 '좋지 못했다'는 평가는 동물에게 이름을 다 지어 준 이후에도 달라지지 않았다. 긍정적인 의미에서 아담은 이제 모든 피조물의 이름을 부를 수 있게 되었지만, 부정적 의미에서 그는 여전히 자기에게 꼭 필요한 짝이 없었다.

그리고 **그때서야** 하나님은 첫 여자를 만드신다. 아담을 닮지 않은 모든 피조물이 아담 앞을 지나간 후에야 아담은 참으로 자기를 **닮은** 이 존재를 귀하게 여길 수 있었다. 그래서 하와가 나타났을 때, 자신의 형상을 공유한다는 바로 그 사실로 아담의 눈이 열린다.

> 아담이 이르되 이는 내 **뼈** 중의 **뼈**요
> 살 중의 살이라
> 이것을 남자에게서 취하였은즉
> 여자라 부르리라(창 2:23)

아담에게서 가장 먼저 튀어나온 말은 하와와 자신이 얼마나 다른가가 아니라, 하와가 얼마나 본질적인 의미에서 자신과 같은가였다. 차이는 존재한다. 아담이 이에 무지했던 것이 아니다. 이후 곧장 한 몸으로 연합했던 데서 알 수 있다. 그러나 남자와 여자의 확실한 차이보다 더 본질적이었던 것은 바로 닮음이었다. 인간 사이에 공유하는 닮음은 성적 다름에 앞선다.

성경에서 하나님의 말씀 대부분은 남자와 여자 모두에게 하신 말씀이라는 데서 우리 인간은 닮은 점을 많이 공유함을 발

견할 수 있다. 우리는 서로 다른 곳으로 인도되지 않았고, 한 성경을 읽는다. 우리가 생각하거나 행동하는 것이 다를 수 있겠지만 우리가 얼마나 닮았는지를 간과하면서 그 차이가 부각해서는 안 된다.

두 번째로 관찰할 수 있는 것은, 하나님은 대부분 차이를 구분하지 않고 말씀하시지만 하나님이 말씀하신 **모든 것**이 그렇지는 않다는 점이다. 우리의 생물학적 차이가 명백한 만큼 하나님이 구분해서 말씀하신 부분도 있다는 사실은 생물학적 차이가 그 이상으로 확장됨을 암시한다. 생물학을 차치하고라도 남자와 여자가 서로 구분할 수 없지 않은 듯하다.

이 심층적이고 비생물학적인 차이를 알려면 굉장히 세심하게 접근해야 한다. 이 정도로 광범위하고 민감한 문제를 다룰 때 우리는 성경이 설명하는 데까지만 가려 해야 한다. 그보다 덜 가서도 안 되고 더 가서도 안 된다.

성경이 말하지 않는 것을 말하지 않기

꽤 오래전에 한 친구가 기독교 홈스쿨링 교과서에 수록된 성경적 남자와 여자의 의미를 말해 준 적이 있다. 두 성별의 다양한 특징이 제시되었고 그것을 정당화할 수 있는 성경 구절들이 함께 있었다. 여성에 대한 주장 중 하나는 그들이 우아해야 한다는 것이었다. 하지만 거기서는 뒷받침해 주는 성경 구절을 찾을 수 없었다. 아마도 그런 구절이 없기 때문이리라. 그럼에도 그 특징은 목록에 포함되어 있었다. 교과서를 집필한 사람들은 성경이 여성에게 우아함을 **요구할 것**이라고 생각한 것이 분명하다.

그리스도인은 미처 깨닫지 못하고 성경이 말하는 것보다 더 나아가기 쉽다. 우리 모두에게는 참된 남성성과 여성성이 무엇인지에 대한 깊은 감각이 있으며, 특히 그 감각이 세속 문화가 광범위하게 주장하는 것과 차이가 있을수록 성경으로부터 왔다고 너무 쉽게 추정한다. 그러나 남자와 여자의 본성에 대해 우리가 당연하고 직관적으로 여기는 것들은 성경이 실제 말하는 것보다 우리 문화의 편견을 반영하는 것일지도 모른다.

따라서 모든 남자나 모든 여자가 이러저러해야 한다거나 남자는 이런 것에, 여자는 저런 것에 관심을 가져야 한다고 말할 때는 반드시 조심해야 한다. 성경에서는 상당히 자주 이런 관점을 찾지 못할 것이다.

성경이 말하는 바를 과장하지 않기

우리가 바라는 바는 성경이 말하는 것을 말하는 것이다. 그리고 성경이 말하는 **정도까지만** 말하는 것이다. 때로 우리는 참된 성경적 생각을 가지고 성경이 가지 않은 곳까지 점프하곤 한다. 그 결과 결국 말하게 되는 것은 성경에 전면적으로 배치되거나, 성경이 가르치는 어느 한 측면과 일치할 수는 있겠지만 사실은 성경적이지 않은 내용일 수 있다. 바리새인들이 얼마나 쉽게 이런 일이 일어날 수 있는지 수많은 예를 보여 주었다. 그들은 구약 율법을 매우 진지하게 받아들였다. 하지만 그들은 자주 자신들이 적용한 율법을 율법 자체와 혼동하곤 했다. 그렇게 율법을 지키되 지켜야 하는 **정도까지만 지키지 않은** 이들은 율법에 불순종한 것으로 간주되었다.

나는 이와 유사한 일이 그리스도인 남자와 여자의 의미와 그들이 어떠해야 한다고 토론하는 과정에서도 자주 발생한다고 생각한다. 성경에서 발견한 원리들을 본문의 범위를 벗어나 적용해서 규범화한다. 그리고 여기에 동의하지 않는 사람들을 성경 자체에 동의하지 않는 사람들로 간주한다. 나는 이런 류의 일을 특히 내가 다녔던 보수적인 교회들 안에서 많이 보아 왔다. 어떤 교회는 남녀가 함께 모인 기도 모임에서 여자들이 시작 기도를 하지 못하게 했는데 이는 남자들이 기도를 인도하지 못하게 할 수도 있다는 이유 때문이었다. 처음에는 (그나마) 분명 좋은 의도로 시작했을 것이다(아마 디모데전서 2장 8절, "그러므로 각처에서 남자들이 분노와 다툼이 없이 거룩한 손을 들어 기도하기를 원하노라"를 적용하려 한 것이 아니었을까?). 그러나 내가 이 기도 모임에 참석했을 때는 이미 남녀가 어떻게 행동해야 하는지를 규정하는 규율로 굳어진 상태였다. 남녀가 함께하는 기도 모임에서 기도는 남자들이 시작해야 했고, 여자들은 언제나 기다렸다가 남자가 기도한 후에 기도할 수 있었다.

따라서 성경이 오직 자격을 갖춘 남자만이 목사나 장로로 섬길 수 있다고 가르친다고 믿는 사람들(나도 여기 포함된다)은 이 가르침을 성경이 결코 말하지 않은 상황에까지 적용하지 않도록 매우 조심할 필요가 있다. 예를 들어 여자가 세속 영역에서 리더가 되는 경우 말이다. 성경이 남편과 아내에 관해 가르치는 것을 취하여 현대 가정에서 둘 중 누가 어떤 일을 해야 하는지를 규정하는 것도 마찬가지다.

이런 예들은 보수적인 교회들의 예다. 내가 이런 교회에 속해 있기 때문이다. 다른 교회에서도 유사한 문제가 분명 있을 것이다. 우리는 성경적 명령이나 원리를 취하고, 그것을 정확히 어떻게 적용해야 하는지 결정하며, 성경이 실제 말하는 것과 우리가 적용하는 것을 동일시한다.

성경이 말하는 것보다 적게 말하지 않기

성경이 말하지 않는 것을 말하거나 성경이 말하는 것을 과장하는 것 모두 성경에 무언가를 더하는 행위다. 그러나 우리는 성경에서 무언가를 덜어 내는 것 역시 동일하게 조심해야 한다. (내 경험에 따르면) 성경에 무언가를 더하는 것이 주로 보수적인 교회에서 일어난다면(아마도 성경의 세세한 부분까지 진지하게 다루려다 보니 의도치 않게 그렇게 된 것 같다), 무언가를 덜어 내는 것은 일반적으로 덜 보수적인 교회에서 발생한다(아마도 성경적이지 않은 규율이나 관습에 얽매이지 않으려다 보니 의도치 않게 그렇게 된 것 같다). 어떤 경우든 우리 모두 빠지기 쉬운 위험이다.

성경이 남자와 여자의 차이가 단지 심리적인 것이 아니라고 말한다는 것은 분명한 사실이다. 따라서 이 차이를 지나치게 구별하려 하지 않아야 하지만 동시에 차이가 있다는 사실을 부정해서도 안 된다. 이는 동등하다는 것이 모든 면에서 동일하다는 의미로 이해되는 최근의 경향 때문에 더 중요하다. 즉, 차이가 있다면 어떤 형태의 동등함도 존재할 수 없다는 의견이다. 그러나 성경은 이런 사고방식에 반대한다. 우리의 차이 때문에 남자와 여자는 독특한 영광을 가질 수 있다. 우리는 간편하게 남자를 여자로 바꾸고 여자를 남자로 바꿀 수 없으며, 그러고 나서 아무것도 달라지지 않을 것이라고 기대할 수 없다. C. S. 루이스는 이렇게 말한다(여기서 말하는 성은 생물학적 성이며 성관계를 의미하지 않는다).

> 동일하기 때문에 (동전이나 동일한 기계와 같이) 상호 치환이 가능하다는 의미의 평등은 인간 사이의 합법적 환상이다. 쓸모 있는 합법적 환상일지도 모른다. 그러나 교회에서 우리는 환상으로부터 등 돌린다. 성이 창조된 목적 중 하나는 하나님의 숨겨진 것들을 우리에게 상징하기 위해서다. 인간 결혼의 기능 중 하나는 그리스도와 교회의 연합이 어떤 것인지를 드러내는 것이다. 하나님이 우리 본성이라는 캔버스 위에 그려 두신 살아 있고 고도로 섬세한 형상을 마치 기하학의 도형에 불과한 것처럼 이리저리 바꿀 수 있는 권리가 우리에게는 없다.[3]

따라서 남자와 여자는 서로를 필요로 하며 보완하는 존재다. 하나님의 형상으로서 서로를 돕는 임무를 지녔다. 우리는 서로가 필요하다. 하나님이 그렇게 우리를 만드셨다. 남자와 여자를 어떻게든 서로 바꾸려고 할 때 우리는 하나님의 말씀에서 일부를 뺄 뿐 아니라 하나님의 축복에서도 빼는 것이다.

그렇기에 우리는 결코 성경이 말하는 것에 무언가를 더하거나 부적절하게 확장하거나 덜어서는 안 된다. 우리는 젠더를 어떻게 구분할지에 대해 생각하고 말할 때 세심한 주의를 기울여야 한다. 그렇다면 무엇을 말해야 할까? 이 질문에 답하려면 다음 질문을 먼저 살펴보는 것이 도움이 될 것이다. 남자와 여자의 비육체적 차이가 육체적 차이와 어떤 연관이 있을까?

남자와 여자의 비육체적 차이는 육체적 차이와 어떤 연관이 있을까?

C. S. 루이스의 공상 과학 소설 『페렐란드라』(Perelandra)에서 랜섬 박사는 금성에서 어느 순간 천사들의 축제를 목격한다. 그는 천사 중 일부는 남성적으로 보이고 일부는 여성적으로 보인다는 것을 깨닫는다. 랜섬은 "정확히 어디에 차이가 있는지 콕 짚어 낼 수가 없었다. 그럼에도 그 차이를 알아차리지 못하는 것은 불가능했다."[4)] 남성성과 여성성에는 정확히 정의할

수 없지만 놓칠 수는 없는 무언가가 있다. 우리 중 일부는 공감할 것이다. 우리는 남성성과 여성성이 존재한다는 것은 알고 있고, 남자와 여자를 보면 알 수 있지만 정확히 남성성과 여성성을 이루는 것이 무엇인지 파악하려고 애쓴다.

팀 켈러는 그의 저서 『결혼을 말하다』(The Meaning of Marriage)에서 비슷한 점을 지적한다.

> 모든 기질과 문화에 딱 맞는 '남자답다' 또는 '여자답다'의 단순하고 정확하고 구체적인 특징군을 알아내는 것은 내 경험상 거의 불가능에 가깝다. '남성성'이나 '여성성' 정의하려고 하거나(전통적인 접근법) 이런 정의 자체를 거부하고 억압하기보다(세속적인 접근법) 나는 당신이 돌보고 있는 기독교 공동체 구성원이 속한 구체적인 세대, 문화, 인구, 거주 지역 등에서 나타날 거부할 수 없는 남녀 간의 차이를 충분히 인식할 것을 제안한다.[5]

이는 참된 성경적 남성성과 참된 성경적 여성성은 남녀 각자가 그리스도 안에서 성장할 때 자연스럽게 나타난다는 뜻이다. 성경적으로 말하자면 남성성은 그리스도인 남자가 장기간 성화된 끝에 생성되는 것이고 여성성은 그리스도인 여자가 장기간 성화된 끝에 생성되는 것이다.

이는 물론 사실이다. 남성 됨과 여성 됨이 무엇이든 그것은 덜도 말고 더도 말고 남자와 여자 안에서 발견할 수 있는 하나님을 닮은 모습이다. 참된 남성성과 여성성을 만나면 우리는 알 수 있다. 정확하게 무엇 때문에 그렇게 느끼는지 짚어 낼 수는 없더라도 말이다.

저자이자 성경 교사인 젠 윌킨(Jen Wilkin)은 남녀의 육체가 가진 차이점이 어느 정도 비육체적 차이점을 설명하는 데 도움이 된다고 말한다. 예를 들어 대다수의 남자는 대다수의 여자보다 더 큰 몸과 힘을 가졌으며 이런 차이는 각 성별이 세상을 보는 방식을 유의미하게 형성한다.[6] 윌킨에 따르면 여자들은 육체의 연약함을 더 많이 의식하지만 남자들 대부분은 그렇게 느끼지 않는다. 그 결과 여자들은 타인의 연약함을 잘 받아들이고 공감할 가능성이 있다.

나는 최근 트랜스젠더 문제에 관해 페이스북에서 일어난 토론을 잠깐 살펴볼 기회가 있었는데, 모든 면에서 그리스도인이 아닌 어떤 사람이 비슷한 관점을 제시하는 것을 보았다. 쟁점은 트랜스젠더 여성(스스로 여성이라 규정하는 생물학적 남성)이 과연 생물학적 여성으로서 이 세상을 마주하지 않고도 온전히 여성성을 경험하는 데 진입하는 것이 가능한가였다. 이 사람(여성)은 이런 댓글을 달았다. "내 경험에 비추어 보건대 남자들은 나이가 들어서야 비로소 '알게' 되더군요. 인구의 절반이 당신을 납작해질 때까지 두드려 팰 수 있는 세상에서 산다는 게 무슨 의미인지 전혀 이해할 수 없을 거예요." 연륜이 쌓이고 육체적 연약함을 어느 정도 경험하게 될 때 남자들은 여자들이 그동안 겪어 왔던 것을 어느 정도나마 이해하게 된다.

남자와 여자 사이에서 관찰할 수 있는 많은 차이가 그들의 육체적 차이에 기인하고 있다는 이 원리는 상당히 일리가 있다. 우리가 살펴보았듯이 우리의 몸, 정신, 영혼은 아주 깊이 연결되어 있다. 우리의 몸이 세상을 만난 경험이 우리가 생각하고 이해하고 행동하는 방식을 형성한다는 것은 당연한 이야기다. 생물학적 성으로서 우리가 공유하는 육체적 공통점은, 남자와 여자 사이의 일반적이고 관찰 가능한, 그러나 절대적이지 않고 문화마다 다른 차이점을 이끌어 낸다는 것도 이치에 맞을 것이다.

이런 차이 중 일부는 특히 남자와 여자에게만 특별히 언급된 성경 구절에 반영되어 있을 수 있다. 이런 부분을 읽을 때 적혀 있는 것 이상을 읽어 내지 않기 위해 조심해야 한다. 특히 특수한 것을 일반화하지 않기 위해 조심해야 한다. 그럼에도 성경 여러 군데서 간접적으로나마 우리의 비육체적 차이가 어떤 것인지 엿볼 수 있다는 사실이 놀랍다.

바울은 에베소에 있는 교회의 생활에 관해 디모데를 가르치면서 남자들에게 다음과 같은 가르침을 준다.

> 각처에서 남자들이 분노와 다툼이 없이 거룩한 손을 들어 기도하기를 원하노라(딤전 2:8)

바울은 구체적으로 남자들을 지적하며 이렇게 기도하라고 가르치고 있다. 바울이 교회 안에서 여자들이 이처럼 거룩한 손을 들어 기도하지 말라고 했다는 것은 아니다. 이 구절 외에 많은 구절이 기도는 오직 남자들에게만 국한된 특권이 아님을 명확히 하고 있다. 그런데 여기서 어떤 이유에서인지 바울은 구체적으로 남자들에게 이렇게 가르쳐야겠다고 느꼈다.

바울은 그가 편지를 쓰고 있던 특정 그리스도인 무리의 어떤 행위 때문에 이렇게 표현한 것으로 보인다. 남자들 사이에서 기도가 무시되었거나 다툼이 해결되지 않은 상태에서 함께 기도하고 있었다. 바울의 대응은 분명했다. 그는 남자들이 거룩한 손을 들어 기도하기를 원했다. 초점은 그들의 순결함이지 손을 들어 기도한다는 행위 자체가 아니다. 나중에 살펴보겠지만 성경은 우리에게 기도 중에 사용된 다양한 자세를 보여 준다. 다시 돌아와 살펴볼 가치가 있는 내용이다. 그러나 여기서 핵심은 자세가 아니라 태도다.

비록 바울이 이렇게 반응해야 했던 특정한 상황이 있기는 했지만 그 적용은 더 넓게 이루어질 수 있다. 바울은 이를 넌지시 "각처에서" 기도해야 한다고 말하면서 암시한다. 이는 에베소에 있던 남자 성도들의 범위를 훨씬 더 넘어선다. 이 가르침은 모든 곳에 있는(따라서 암묵적으로, 모든 시대에 있는) 남자들에게까지 확장된다. 거기 있던 그들만을 위한 가르침이 아니라 우리를 위한 것이기도 하다.

그렇다면 이 가르침은 여자보다는 남자에게 해당되는 더 일반적인 무언가를 반영한 가르침이다. 남자들은 일반적으로 여자들에 비해 기도해야 한다는 권면을 더 많이 들어야 한다. 이는 여자들에게는 동일한 수준의 기도하라는 격려가 불필요하다고 말하는 것이 아니다. 물론 그들에게도 이런 격려는 필요하다. 여기서 이 문제가 제기된 것은 남자들이 대체적으로 더 논쟁적이기 때문일 것이다. 보편적으로(모든 남자가 예외 없이) 그렇다는 것도 아니고 절대적으로(모든 남자가 어떤 차이도 없이 동일한 정도로) 그렇다는 것도 아니며 남자들에게만 해당된다는(오직 남자만 논쟁적이며 여자는 전혀 논쟁적이지 않다는) 것도 아니다. 만약 그렇다면 왜 바울이 남자들이 행한 일에 이렇게 반응했는지 이해가 된다. 만약 남자가 더 쉽게 논쟁적이 된다면, 다투지 말고 기도하는 사람이 되라고 그들을 부르는 것은 전혀 임의적인 것이 아니다. 그들은 갈등 속에서 서로 다투기보다 기도 안에서 하나님과 씨름해야 한다(골로새서 4장 12절의 에바브라처럼). "서로를 향하여 꽉 쥔 주먹을 올리기보다 하나님을 향해 기도의 손을 올리는 것"[7]이 나은 것이다.

다음 구절에서 바울이 여자들에게 당부한 말도 마찬가지일 것이다.

> 여자들도 단정하게 옷을 입으며 소박함과 정절로써 자기를 단장하고 땋은 머리와 금이나 진주나 값진 옷으로 하지 말고 오직 선행으로 하기를 원하노라(딤전 2:9–10)

여기서도 우리는 바울이 전해 들은 특정 행동에 반응해 이런 권면을 했으리라 추측할 수 있다. 실제 일어난 어떤 문제를 바로잡으려는 것이다. 그럼에도 (앞에서와 마찬가지로) 이 내용이 "하나님의 집에서 어떻게 행하여야 할지를 알게 하려"(딤전 3:15) 기록한 편지에 등장한다는 사실로 보건데 이는 단지 그들에 관한 것이 아니라 그 시기의 에베소를 넘어 더 광범위한 의미를 지닌다고 생각할 수 있다. 만약 이것이 옳다면, 우리는 바울이 그들이 멀리하게 하는 것과 가까이 하게 하는 것 사이의 또 다른 상관관계를 보리라 기대할 수 있다. 쟁점은 과시하는 옷이었던 듯하다. 바울은 외모를 가꾸는 노력을 하지 말라는 것이 아니다. 그가 경계하는 것은 주변의 시선을 의도적으로 추구하는 것이다. 이런 경향을 남자들에게서 찾아볼 수 없는 것도 아니며, 다시 말하지만 바울은 개인적으로 외모를 꾸미거나 신경 쓰는 것에 반대하는 것도 아니다. 그는 과시에 반대한다.

바울의 이 가르침이 남자가 아니라 여자를 향한 것이라는 점은 분명 의의가 있다. 남자만 다투는 것이 아닌 것처럼 여자만 과시하기 위해 옷을 입는 것은 아니다. 그러나 바울이 남자를 특정해 다투지 말라고 한 것처럼 여기서는 여자들에게 과시하기 위해 옷을 입지 말라고 말했다고 볼 수 있다. 나는 과시욕이 일반적으로 남자보다는 여자들 사이에서 더 문제가 될 가능성이 높다는 사실을 도출해 낼 수 있다고 본다.

그리고 바울은 앞서 남자들 사이의 특성을 관찰하고 그 특성을 영적으로 건설적인 방향으로 돌리도록 지시한 것처럼, 여기서도 마찬가지다. 다른 사람의 시선을 어디서든 끌고 싶은 마음이 있다면, 과시적인 외모를 통해 자기 자신에게로 끄는 대신 선행을 통해 하나님께로 그 시선을 옮기도록 하는 것이 훨씬 나을 것이다.

두 본문은 모두 바울이 좋지 않은 상황을 관찰하고 올바르게 지도하고자 하는 의도로 기록한 것이다. 그러나 바울은 긍정적인 특징도 관찰했다. 데살로니가의 그리스도인들에게 편지를 쓰면서 바울은 자신이 그들과 함께했을 때 어떻게 그들을 양육했는지 상기시킨다.

> 우리는 그리스도의 사도로서 마땅히 권위를 주장할 수 있으나 도리어 너희 가운데서 유순한 자가 되어 유모가 자기 자녀를 기름과 같이 하였으니(살전 2:7)

바울은 종종 복음 사역을 부모의 일에 비유하곤 한다. 여기서 그는 특별히 어린아이를 돌보는 유모의 일에 빗대고 있다. 바울의 사역에는 엄마가 어떻게 어린 자녀를 돌보는지를 떠올리게 하는 따뜻함과 부드러움이 있었다.

우리는 분명 본문이 언급한 것 이상으로 어머니 이미지를 읽어 내려 해서는 안 되지만, 그럼에도 바울이 여기서 아기를 돌보는 유모의 특징과 연결지은 것은 흥미롭다. 그는 이런 돌봄이 엄마들에게서 찾아볼 수 있는 자질이라 기대한다. 일반적으로 어머니들에게 이런 경향이 있지만 그들에게만 이런 경향이 있는 것은 아니다. 바울도 여기서 자신의 사도적 사역에 동일한 자질을 적용하고 있으니 말이다. 이런 종류의 온유함은 모든 어머니에게 예외 없이 동일한 정도로 발견되는 것도 아니며 남자로서 이런 자질을 소유한 것이 부끄러워할 일도 아니다(그랬다면 바울이 자신을 이 자질을 갖춘 사람의 예로 주목하게 하지도 않았을 것이다). 온유함은 이것에 해당하는 모든 자질과 함께 성령의 열매 중 하나이며, 모든 성도가 맺도록 부름 받은 열매다(갈 5:22-23). 여자에게서 더 일반적으로 (또는 적어도 아이를 키우고 있는 어머니에게서) 발견될 수 있다 하더라도 그들에게서만 발견된다는 의미는 아니다.

초점은 분명 여기에 있다. 남자와 여자에게 각각 일반적으로 해당되는 (긍정적이든 부정적이든) 자질이 있다 하더라도 이를 결코 여유 없이 엄밀한 것으로 여겨서는 안 된다. 이런 자질들은(다시 말하지만 이런 자질이 있다면) 어느 한 성에만 절대적으로, 보편적으로, 또는 배타적으로 적용되지 않는다. 일반적일 수는 있어도 그 정도는 사람마다 다를 뿐 아니라 상대 성과도 공유된다.

만약 온유함이 여자에게서 더 일반적인 자질이라 할지라도 모든 여자에게서 동일한 정도로 발견되지 않는다. 어떤 남자는 어떤 여자보다 온유하다. 그렇다고 그것이 결코 남성성이 부족함을 의미하지 않는다. 단지 아홉 가지 성령의 열매를 남자와 여자가 서로 다른 정도로 나타내고 있다는 것을 반영한다.

하나님은 여자에게 성령의 열매 중 절반을 맺으라고 하시고 남자에게 나머지 절반을 맺으라고 하지 않으셨다. 우리 모두는 성령의 열매인 사랑과 희락과 화평과 오래 참음과 자비와 양선과 충성과 온유와 절제를 이루는 모든 자질을 가져야 한다. 이런 자질을 누군가에게서 발견할 때마다 그를 칭찬하며, 결코 놀라운 정도로 특정 열매를 많이 가지고 있다고 해서 낙인찍지 않는다. 더 남자다운 것은 결코 덜 영적이어도 된다는 의미일 수 없다. 샘 안드리아데스(Sam Andreades)는 이렇게 말한다.

젠더에는 특기가 있다. 이런 특기는 우리 모두가 가끔 하는 것들이지만 특기를 가진 사람은 특별히 그 일에 초점을 맞춘다. 우리는 많은 일을 서로 동일하게 할지 모르지만 우리가 비대칭적으로 서로에게 기대기 시작할 때 젠더의 마법이 시작된다. 신체적으로 남자와 여자 모두 안드로겐과 에스트로겐 호르몬이 필요하지만 상대적인 양적 차이가 존재하는 것처럼, 젠더의 차이는 남자와 여자 모두 할 수 있고 **실제** 그렇게 하지만, 서로를 향해 자신의 특기를 발휘할 때 그 관계를 발전시킨다.[8]

따라서 존재하는 차이는 절대적이지 않다. 남자들이 할 수 있는 일은 오직 남자만 할 수 있거나 여자들이 할 수 있는 일을 어떤 남자도 할 수 없는 것이 아니다. 그러나 남자와 여자에게는 서로 아주 유사한 동시에 서로 구분될 수 있는 일반적 방식이 존재한다. 우리는 서로를 대체하도록 만들어지지 않았다. 한 성이 어떤 일을 하면 다른 성이 완전히 동일한 형태로 그 일을 해내야 하는 것이 아니다. 마치 제로섬 게임에서 겨루는 것처럼 서로 비교하는 것은 별로 유익하지 않다.[9]

많은 것과 마찬가지로 G. K. 체스터턴은 짧은 시에서 정곡을 찌른다.

태양을 달 곁에 둔다면,
그리고 육지를 바다 곁에 둔다면,
그리고 도시를 시골 곁에 둔다면,
그리고 남자를 여자 곁에 둔다면,
난 어떤 바보가 와서 누가 더 나은지 말하리라는 걸 안다.[10]

PART . 2

깨어진 몸

05

허무에 굴복하다

몸, 고통, 그리고 수치

마흔에 접어들면 바뀌는 것들이 생긴다.

- 세상이 너무 시끄럽다.
- 잠자리에 드는 것이 신난다.
- 아픈 건 똑같은데 더 이상 그 아픔을 설명해 줄 좋은 이야기는 없어진다.

무슨 말이냐면, 마흔이 되기 전에 부상당한다면 그건 보통 짜릿한 일을 하던 도중이었기 때문이다. 비행기에서 뛰어내리든지 상어와 레슬링을 하든지 말이다. 마흔이 넘어가면 그냥 자다 일어나다가도 다칠 수 있다.

몇 해 전, 낯선 호텔에서 머물던 첫날 아침 뜨겁게 타는 것 같은 어깨 통증을 느끼며 일어났다. 『반지의 제왕』(Lord of the Rings)의 나즈굴에게 치명적으로 찔린 것 같은 느낌이었다.[1] 고통스러웠다. 나는 병원에 전화했고 그들은 의사를 보내 주었다. 결국 나는 코끼리한테도 안 쓸 것 같은 엄청난 크기의 주삿바늘로 진통제를 맞아야 했다. 이렇게나 아프다니 대체 내가 뭘 잘못했을까? 의사는 내가 어깨를 "잘못" 하고 잤다고 말해 주었다. 살아오면서 겪은 가장 고통스러운 아픔 중 하나였는데 고작 침대에 누워 자다가 생긴 일이었다.

우리 몸은 오묘하고도 놀랍게 만들어졌다. 그러면서 동시에 우리를 고통스럽게 한다. 피조 세계에 살고 있기에 우리 몸은 선물이다. 그러나 타락한 세계에서 살고 있기에 이 선물은 우리가 원하는 모습이 아닐 수 있다. 우리 몸은 망가졌다. 몸이 하나님의 놀라운 작품이라고 말하는 성경은 동시에 이를 "질그릇"이라고 표현한다(고후 4:7).

이 간단한 비유는 우리가 첫눈에 알아챌 수 있는 것보다 더 많은 것을 설명해 준다. 질그릇은 비루해 보이기만 한 것이 아니다(예컨대 유리그릇에 비하면 말이다). 질그릇은 약하고 잘 부서진다. 단단하지 않고 쉽게 금이 간다. 이 땅에서 이 그릇은 예외 없이 깨진다. 성경은 어째서 그런지 말해 준다. 로마에 있는 그리스도인들에게 편지를 쓰면서 바울은 말한다.

> 피조물이 허무한 데 굴복하는 것은 자기 뜻이 아니요 오직 굴복하게 하시는 이로 말미암음이라 그 바라는 것은 피조물도 썩어짐의 종 노릇 한 데서 해방되어 하나님의 자녀들의 영광의 자유에 이르는 것이니라(롬 8:20-21)

피조 세계는 허무한 데 굴복한다. 생각해 보라. 하나님이 그토록 신경 써서 창조하신 좋은 세상이 뒤죽박죽으로 어지러워졌다. 더 이상 원활하게 굴러가지 않는다.

무언가 문제가 있다는 것은 원래 의도된 대로 작동하지 않는다는 뜻이다. 삐걱거리고 덜컹거린다. 세상은 항상 놀랍기만 한 곳은 아니다. 우리 때문에 발생한 고통은 차치하더라도 자연 세계 자체도 상당히 악하고 잔혹해 보인다. 헤드라인만 슬쩍 보더라도 오늘날 세계에서 전염병과 자연재해가 사방에서 발생해 대혼란을 초래하고 있다. 이런 어려움은 원래 자연스럽고 행복한 상태가 아니다.

이는 우리가 경험하는 고통에 대한 당혹감을 어느 정도 설명해 준다. 우리는 이렇게 어려움이 발생하는 세상에서만 살아왔다. 다른 세상은 알지 못한다. 그럼에도 우리는 이 세상과 문제없이 지낼 수가 없다. 가장 깊숙한 곳에서부터 터져 나오는 반응은 이래서는 안 된다는 것이다. 이런 감각은 이런 일이 일어나지 않는 다른 세상에 대한 기억의 흔적, 원래 의도했던 세상에 대한 귀소 장치(homing device) 외에는 설명하기 어렵다.

좌절할 수밖에 없는 물리적 세계에는 우리 몸도 포함된다. 몸도 우리가 속한 자연 질서의 일부다. 뼈걱대는 이 세상과 같은 물질로 이루어져 있다. 그래서 우리 몸 역시 원래 설계대로 작동하지 않는다. 병에 걸린다. 때론 병든 상태가 지속된다. 부러지기도 하고 변형되기도 한다. 나이가 들고 노쇠해진다. 그리고 때가 되면 모두 죽는다. 이 역시 온 피조 세계가 허무하다는 방증이다.

바울은 이런 좌절과 허무가 피조 세계에 가득하다고 명확히 말한다. 이는 피조 세계 자신의 선택이 아니다. 이는 "굴복하게 하시는 이", 곧 하나님으로 인한 것이다. 만약 우리가 로마서 8장에서 줌아웃을 해서 성경의 더 넓은 내러티브를 보게 된다면 어떻게 이런 일이 일어났는지 알 수 있다. 창세기 3장에서 첫 번째 사람들이 죄를 지었을 때 그들은 하나님과의 관계와 그들 간의 관계를 깨뜨렸다. 그들은 또한 자연 세계와의 관계를 파괴하는 방아쇠도 당겼다. 하나님은 그들에게 "땅은 너로 말미암아 저주를 받고"(창 3:17)라고 말씀하셨다. 이 세계가 깨어진 것은 우리와 하나님과의 관계가 깨어진 결과다. **피조세계**가 원래 설계된 대로 작동하지 않고 있다는 것, 그리고 우리가 현 상태가 이래서는 안 된다고 느낀다는 것은 **우리**가 원래 의도된 대로 하나님과 관계 맺고 있지 않다는 것을 기억하게 해 준다.

고전 영화 "이티"(E.T.)의 사랑스러운 외계인 이티는 자기 주변의 생물과 교감할 수 있다. 죽어 가는 꽃들을 살리기도 하는데 그 순간부터 그 꽃들은 이티의 건강 상태를 반영하게 된다. 그가 아프거나 죽게 되면 그 꽃들도 꽃잎을 떨구며 시들어 간다. 하지만 이티의 죽음이 마지막이 아니라는 신호는 그 꽃들이 예기치 않게 그리고 갑자기 생명을 되찾는 것이다. 줄곧 이를 기대하고 있던 엘리엇에게 이것이 의미하는 바는 하나밖에 없었다. 이 꽃들이 다시 생명을 되찾았다면 이티도 그랬다는 의미다.

이처럼 우리는 물리적 세계의 모습을 하나님 앞에 선 인류의 상태를 반영하는 것으로 보아야 한다. 자연은 여전히 영광스럽지만(이 글을 쓰는 지금도 근처 언덕 뒤편으로 태양이 아름답게 지고 있다) 동시에 심히 고통스럽다. 우리 인간은 여전히 하나님 형상으로 창조된 존엄성을 어느 정도 반영하지만 자신이 마음 가장 깊은 곳까지 심히 죄악 되며 깨어졌음을 안다. 우리의 깨어진 영광은 자연의 깨어진 영광에 반영된다.

그러면서도 바울은 이 깨어진 영광이 이야기의 끝이 아님을 명확히 한다. 이상하게도, 하나님은 "바라는 것" 가운데 이 세상을 허무한 데 굴복시키셨다. 여기에는 징벌이 아닌, 긍정적인 목적이 있다. 이 슬픈 상황 뒤에 어떤 선한 것이 올 것이다. 바로 "피조물도 썩어짐의 종 노릇 한 데서 해방되어 하나님의 자녀들의 영광의 자유에 이르는 것"이다. 하나님은 그분의 영광을 드러내는 자녀들을 자신을 위하여 일으키실 것이다. 그리고 적어도 그 영광의 일부는 그들이 어떻게 죄 많은 인간의 본성적 죄의 굴레로부터 자유로워졌는가에 있을 것이다. 바울은 하나님이 어떻게 그리스도를 통하여 사람들을 그분께로 이끄시는지 설명한다. 자유롭게 하시며 용서하심으로써다. 항상 창조주의 자녀로서 창조되는 사람이 되도록 해방시키셨다.

그리고 피조물 자체도 어떻게든 이 자유를 공유하게 될 것이다. 인간의 죄가 피조물을 끌어내린 것처럼 인간의 해방은 피조물을 들어 올릴 것이다. 사람들이 자신의 자유를 찾으면 피조물들도 그럴 것이다. 그리고 앞으로 살펴보겠지만 여기에는 우리 몸도 포함된다. 바울은 계속해서 "몸의 속량"을 이야기한다(롬 8:23). 궁극적으로 우리가 몸으로 인해 겪는 고통과 어려움은 우리 몸이 무가치하다는 것이 아니라 하나님이 아직 하실 일이 남았다는 표시다.

  장차 올 것이다. 속량, 즉 몸의 속량이 기다린다. 굴복이 이야기의 끝이 아니다. 하지만 지금 우리가 속한 이야기의 일부다. 우리는 탈출할 수 없다. 이 타락한 세상에서 타락한 인간으로서 살아가는 한 우리는 어떤 형태로든 몸의 깨어짐을 경험할 것이다. 예외 없이 우리는 질그릇일 것이다. 다양한 측면에서 우리는 이 깨어짐을 본다.

허약함과 병듦

  마이클 J. 폭스(Michael J. Fox)의 감동적인 자서전에서 그는 몸이 점점 황폐해지는 파킨슨병 증상을 처음으로 자신의 몸에서 발견한 순간을 묘사한다. 그는 호텔 방 침대에 누워서 왼손의 작은 손가락이 경련을 멈추지 않는 것을 알아차렸다.

> 그날 아침 내 뇌는 경고를 날리고 있었다. 내 정신과 결별을 선언한 것이다. 이의를 제기하거나 화해하려는 시도는 무의미하다. 이유도 들을 수 없었고 소송을 취하할 수도 없었다. 내 뇌는 내 몸을 요구했고 갈수록 옥죄어 오더니

완전히 자기 관할에 두었다. 모두 내 왼손 가장 끝에 있는 새끼손가락에서부터 시작된 일이다.[2)]

이것이 수년에 걸쳐 폭스가 자기 몸에 대한 통제력을 상실하게 될 과정의 시작이었다.

파킨스병으로 고통 받는 사람은 5,300만 명으로 추산되며 이 중 1퍼센트는 60세가 넘은 사람들이다. 폭스의 경험은 슬프게도 그만의 전유물이 아니다. 폭스와 같이 아직 상대적으로 젊은 나이에 파킨스병 진단을 받았던 사랑하는 교인 한 명이 떠오른다. 시간이 지나갈수록 그는 움직이는 것이 어려워졌고 말년에는 대부분의 시간을 방 안 침대 위에서 지내야 했다. 그의 몸은 고통으로 무너져 내렸다.

파킨스병은 물론 우리 몸이 겪을 수 있는 수많은 어려움 중 하나다. 우리 모두는 만성 질병을 앓는 사람이나 심각한 건강상의 어려움이 있는 사람을 알고 있다. 매주 우리 교회는 암에 걸린 사람을 위해, 또는 심각한 수술을 받을 예정이거나 유족이 된 사람을 위해 기도하는 것 같다. 나와 가까운 친구 중에도 심각한 크론병에 걸린 친구, 뇌종양으로 수술을 기다리는 친구, 췌장암 때문에 항암 치료를 받는 친구가 있다. 또 다른 좋은 친구는 유산으로 그리고 병으로 자녀를 잃었다. 나와 가까운 친구들 이야기다. 여러분도 다르지 않으리라 믿는다.

몇 해 전 나는 교회에서 기도 모임을 하던 중 많은 사랑을 받던 교인 중 한 명이 의사에게서 끔찍한 진단을 받았다는 소식을 전해 들었다. 그날 밤 집으로 돌아가며 내가 그렇게 심각한 상태를 진단받으면 어떻게 대처해야 할까 고민했던 기억이 난다. 그날 밤 나는 여러 차례 심각한 복통 때문에 잠에서 깨야 했고 하루 이틀 정도나 계속되어 결국 병원으로 실려가 의사를 만나야 했다. 그리고 크론병 진단을 받았다. 2년이 넘는 기간 동안 나는 여덟 번 병원에 입원해야 했고 한 번 입원할 때마다 며칠씩 있어야 했다. 큰 수술과 여러 번의 작은 시술을 해야 했다. 내가 기억할 수 있는 것보다 더 많은 밤을 병원에서 보냈고 그 사실을 보여 주는 상처가 복부에 남아 있다. 그럼에도 내가 겪은 건강 상태는 내가 생각해 낼 수 있는 많은 사람보다 훨씬, 훨씬 더 나은 것이었다. 나는 내가 겪은 크론병을 기도 모임 후 내가 던졌던 질문에 대한 확실한 대답이라기보다 큰 경종으로 받아들인다. 나중에 훨씬 더 어려운 진단에 대처해야 할지도 모르는 일이다.

내가 아는 어떤 사람은 계속해서 나빠지는 건강 문제를 평생 지고 살아가야 한다. 그녀가 자신에게 그토록 큰 고통을 주는 몸을 포기해 버리고 싶은 유혹을 느끼는 것도 어렵지 않게 상상할 수 있다. 그런 상황에 있는 사람에게 우리 몸이 오묘하고 놀랍게 만들어졌다고 말하는 것은 아주 어려울 수 있다(시 139:14 참조). 이런 말은 잘못되었거나 잘못 묘사한 것이 아니다(성경에 나오는 말이지 않은가!). 하지만 이 말만으로는 불충분하다. **물론** 우리 몸은 오묘하고 놀랍게 창조되었다. 그럼에도 심히 깨어져 있다. 그리고 어떤 사람들에게 이 고통은 참을 수 있는 수준이 아니다.

개인의 병이나 고통을 특정한 죄를 지었다는 표시거나 그 결과라고 생각하려는 사람은 언제나 있다. 이런 생각은 예수님의 때에도 있었다. 제자들은 태어날 때부터 눈이 먼 사람을 만났을 때 예수님께 이렇게 물었다. "선생님, 이 사람이 눈먼 사람으로 태어난 것이, 누구의 죄 때문입니까? 이 사람의 죄입니까? 부모의 죄입니까?"(요 9:2, 새번역 성경)

자연스러운 생각일 수 있다. 우리 대부분은 우리가 모두 마땅히 받아야 할 것은 받는다는 어떤 감각을 갖고 있다. 따라서 이런 생각을 병이나 연약함에 적용하고 고통이 어떤 죄의 대가로 오는 것은 아닐까 의심하는 것은 쉽다. 그러나 예수님은 사람들의 이런 반응에 반대하셨다. "이 사람이 죄를 지은 것도 아니요, 그의 부모가 죄를 지은 것도 아니다. 하나님께서 하시는 일들을 그에게서 드러내시려는 것이다."(요 9:3, 새번역 성경)

우리는 다른 사람의 고통을 보고 그 고통을 받을 만한 어떤 일을 했을까 억측해서는 안 된다. 일은 그런 식으로 이루어지지 않는다. 고통과 죄의 연결고리는 개인 차원이 아니라 일반적이고 인류 전체의 차원에서 이해되어야 한다. 한 사람의 고통이 그 사람 자신의 죄의 결과라기보다 **누군가**의 고통이 **모든 사람**의 죄의 결과다.

그리고 그리스도인이 되는 것이 우리를 이 사실로부터 면제해 주는 것은 아니다. 하나님과 화목하게 되었다고 해서 피조세계의 일부인 우리 몸이 갑자기 더 이상 힘들어지지 않는 것이 아니다. 고통은 여전히 존재한다. 그리스도인이라면 병이나 연약함으로부터 보호받는다는 생각은 성경이 이야기하는 바를 악하게 거부하는 것이다.

성경은 하나님의 백성이 병과 고통을 겪는 수많은 예를 보여 준다. 디모데가 위장 질환을 앓고 있을 때 바울은 그에게 계속 참고 열심히 기도하다 보면 하나님이 그 병에서 낫게 해 주실 것이라고 말하지 않았다. 바울은 오히려 상식적인 치료책을 제시한다. "네 위장과 자주 나는 병을 위하여는 포도주를 조금씩 쓰라"(딤전 5:23). 하나님은 치료하실 수 있다. 그리고 그렇게 하기로 결정하실 때가 있다. 그런 예들도 성경에서 찾아볼 수 있다. 하지만 그분은 약속하시지 않았다. 특정 병을 고칠 수 있는 치료제를 개발하게 하시는 때도 있다. 그러나 그 역시 항상 그런 것은 아니다. 혹시 그런 일이 일어나더라도, 우리가 다른 일로 인해 고통당하지 않으리라 보장할 수도 없다.

바디 셰임

질병은 우리 몸이 직면하는 유일한 문제가 아니다. 건강상의 문제는 별로 없더라도 여전히 우리 몸은 우리에게 깊고 지속적인 슬픔을 야기할 수 있다. 몸은 병에 걸리기만 하지 않는다. 몸은 우리에게 수치심을 줄 수 있다.

어떤 이들에게 수치심은 외모로부터 온다. 우리는 어떤 핵심적인 방법으로 자신을 측정하지 않는다고 믿으면서, 우리 외모의 어느 부분이 매우 잘못된 것처럼 느낄 수 있다. 어떤 이들은 자기 몸 전체를 역겹게 느끼기도 한다.

이런 느낌은 서구에서 증가하는 듯하다. 2014년 54퍼센트의 여성이 "자신의 몸에 불만이 있다"고 응답했고 80퍼센트가 거울을 보면 "기분이 안 좋다"고 말했다. 이 숫자는 이전 세대와 비교했을 때 굉장히 높은 수치다. 물론 여기에 기여하는 여러 요인이 있을 것이다. 그렇더라도 한 가지는 확실하다. 갈수록 더 비현실적인 미적 기준을 요구받고 있다는 것이다. 모델과 배우 들이 하는 훈련과 식단 조절은 대부분 지속 가능하지 않고 매우 비싸며 극단적인 경우가 많다. 그렇게 하고도 이미지를 자르고 모난 부분을 다듬고 색을 보정해서 최종 결과물을 내놓는다. 그런 후 우리가 보는 거대한 포스터는 어쩌면 그 누구의 실제 몸도 아닌, 한 명 이상의 사람과 디지털 편집의 이상한 혼합체가 될 수 있다.

문제는 그 최종 결과물이란 것이 우리 모두가 갈구하는 신체적 완벽을 반영한다는 데 있다. 실제 모델이나 배우의 모습은 적어도 그들이 오랫동안 유지 가능한 모습은 아닐지라도 우리에게 사람이라면 저래야 한다는 생각을 심어 준다. 저자인 매슈 리 앤더슨(Matthew Lee Anderson)은 이전 세대는 이렇게 기이한 형태의 미적 기준에 노출된 적이 없다고 말한다.[3] 그 당시에 당신이 보았을 가장 멋진 사람은 신문이나 잡지 또는 당신이 살면서 실제로 만나는 사람일 가능성이 높았다. 어쨌거나 그들은 **실제** 사람들이었다. 오늘날 우리는 한마음으로 사실상 환상에 불과한 미를 기대한다. 갈수록 우리 몸에 결함이 있다고 보게 된 것은 우연이 아니다. 우리 몸을 최고의 몸과 비교하는 것이 아니라, 최고의 몸이었으면 하는 상상의 결과물과 비교하고 있는 것이다.

이유야 무엇이든 간에 바디 셰임(body shame)[4]은 남자 여자를 가리지 않고 우리 모두에게 심각한 문제다. 그 영향력은 갈수록 더 명확해지고 있다. 지난 몇 해 동안 대화를 나누면서 성경이 우리 몸에 대해 말하는 바에 대해 내 생각을 대화 중에 꺼낼 때면 많은 사람이 자신의 바디 셰임 경험을 나누기 시작했다. 바디 셰임이 드문 일이 아니라는 사실을 잘 알고 있었지만 그렇게까지 널리 퍼져 있을지 예상하지 못했다. 어떤 방식으로든 이 문제로 힘들어하지 않는 것이 오히려 이상한 일 같다.

내 좋은 친구 셸비는 삼십 대 중반의 기혼이며 글을 쓰고 강연하면서 자신의 창의력을 발휘할 수 있는 아주 좋은 직업을 가졌다. 나는 언제나 셸비는 자신감 넘치는 사람이라고 여겨 왔다. 자신의 일에 뛰어나고 매우 매력적이기 때문이다. 그러나 한번은 자신이 힘들어하는 일에 대해 말해 준 적이 있다.

내가 힘든 건 이거야. 난 키가 작아. 언제나 작았지. 아주 어릴 때부터 그랬어. 내 키가 평균보다 작다고 항상 놀림을 받았던 기억이 있어. 자연스럽게 나는 자주 키가 작다는 걸로 농담을 해서 웃음을 이끌어 내고 사람들의 심한 말이 줄 상처로부터 날 지켜 왔지. 나를 소재로 삼아서 웃으면 그럴 일이 없을 테니 말이야. 사실은 주먹을 날리고 싶은 심정이었어.

셀비가 학생이었을 때 하루는 다른 친구들과 어울리고 있었다. 여학생 두 명이 가 봐야 한다며 남학생 중 누구라도 학교로 같이 걸어가 줄 수 있느냐고 물었다.

나는 얼른 둘 모두 데려다주겠다고 했어. 그런데 곧장 농담을 들어야 했지. 내 친구 앤이 키어스틴을 보면서 이렇게 말한 거야. "쟤도 쳐?"
내가 항상 과하게 내 키를 가지고 농담을 해 와서 그날도 앤은 그렇게 말하는데 아무 문제가 없었을 거야. 그냥 웃기려고 한 말이고 큰 문제가 아니라고 생각했겠지. 그렇지만 앤이 알아차리지 못한 건 그 두 마디 말이 수년 동안 내 머리에 박혀 있으리란 거였어. 정말 깊은 상처를 주었고, 한 명의 사람, 남자, 친구, 여학생이 좋아할 수 있는 대상, 선교사, 심지어 하나님의 자녀로서의 삶에서 내 마음을 크게 힘들게 만들었어.

십수 년이 지났는데도 이 이야기를 내게 나누어 주던 셀비는 목이 메었다. 두 마디 말은 정말 그를 따라다니며 인생 내내 지속적으로 그를 괴롭혔다. 그 말은 그가 자신의 키가 남자로서, 사람으로서, 심지어 그리스도인으로서 스스로를 작게 만드는 영원한 증거라고 믿게 만들었다. 하지만 그게 말의 힘이다. 사람의 몸에 대한 말은 특히나 더 힘이 있다. 왜냐하면 우리 몸은 일반적으로 우리가 어떻게 할 수 없는 것이기 때문이다. 무심코 누군가의 몸에 대해 뭐라고 평가할 때 우리는 그 사람이 사실 선택할 수도 없었고 앞으로도 바꿀 수 없을지도 모르는 것으로 그 사람을 평가한 것이다. 셸비가 친구들의 말에 그토록 크게 상처 입은 것은 이상한 일이 아니다. 그런 상처는 쉽게 인생 내내 우리 안에 남아 있을 수 있다.

바디 셰임의 흥미로운 특징 중 하나는 그 양상이 사람마다 매우 다양하다는 점이다. 어떤 문제로 힘들어하는 사람은 다른 사람이 힘들어하는 문제를 듣고 어리둥절할 수 있다. 나는 수영장이나 해변에서 과체중인 몸 때문에 절대 옷을 벗으려고 하지 않는 남자들을 알고 있다. 또 너무 말랐기 때문에 절대 옷을 벗으려고 하지 않는 남자들도 알고 있다. 전자에 속한 사람들은 어떻게 말랐다는 사실이 부끄러울 수 있는지 이해하지 못한다. 그러나 이것이 현실이다. 한 마른 친구가 자신은 항상 남자라면 힘이 센 몸을 지녀야 한다는 말을 들으며 컸다는 이야기를 해 준 적이 있다. 삐쩍 말랐다는 것은 진짜 남자가 아니라는 표시라고 말이다.

바디 셰임의 특징은 한 가지 유형만 있지 않다는 것이다. 우리 모두는, 특히 성장하는 시기에 외모에 대한 깊은 수치심을 건드리는 말을 듣거나 인지하는 것에 쉽게 상처받는 것 같다.

성경은 신체적 수치심에 대해 말한다. 아담과 하와가 에덴동산에서 하나님께 등졌을 때 망가진 것은 하나님과의 관계만이 아니었다. 서로 간의 관계와 자기 자신과의 관계도 영향을 받았다. 아담과 하와가 하나님께 죄를 지었을 때 가장 먼저 발생한 일은 그들이 육체에 대해 자의식을 가지게 된 것이었다.

> 이에 그들의 눈이 밝아져 자기들이 벗은 줄을 알고 무화과
> 나무 잎을 엮어 치마로 삼았더라(창 3:7)

원래 그들은 벗었으나 부끄러워하지 않았다(창 2:25). 그들에게 벌거벗었다는 사실은 결코 부끄러운 일이 아니었다. 창세기 3장에서부터 모든 것이 바뀐다. 그들을 여전히 부부로서 함께 있었고 계속 그럴 것이었다. 그들은 계속해서 한 몸일 것이었다(창 4:1). 그러나 그들은 더 이상 상대방과 함께할 때 안전하다고 느낄 수 없게 되었다. 아주 깊은 본성에서부터 스스로를 보호하고 가려야 할 필요가 있다는 마음이 올라왔다. 노출은 두

려워해야 할 일이 된 것이다.

  이제 우리는 우리 몸에 대해 생각하면 상처받는 것이 당연해진 것 같다. 실제로 벌거벗은 몸만 두려워하는 것이 아니라 더 일반적인 의미에서 폭로되는 것을 두려워하게 되었다. 우리는 누군가가 우리를 보는 것을 부담스러워한다. 우리를 보는 것이 불러일으킬 우리 안의 수치심을 두려워한다. 그렇기에 우리는 우리의 말이 다른 사람의 신체적 수치심을 불러일으키지 않도록 조심해야 한다. 내 친구 셸비에게 상처는 고작 두 마디 말에서 왔다. "쟤도 쳐?" 이 정도로 충분한 것이다.

  몇 해 전 시드니로 가기 위해 탄 비행기가 거대한 산불 위를 지난 적이 있다. 어찌나 범위가 넓었던지 1,200미터 상공에서 비로소 파악이 가능했다. 이쪽 끝에서 저쪽 끝까지 완전히 그을려 있었다. 몇 천 에이커나 불에 타 버렸는지 계산할 수도 없었다. 이 거대한 재앙도 단 하나의 불씨에서 시작되었을 것이다. 우리가 내뱉는 말이 할 수 있는 일이다.

> 이와 같이 혀도 작은 지체로되 큰 것을 자랑하도다 보라 얼마나 작은 불이 얼마나 많은 나무를 태우는가 혀는 곧 불이요 불의의 세계라 혀는 우리 지체 중에서 온 몸을 더럽히고 삶의 수레바퀴를 불사르나니 그 사르는 것이 지옥

불에서 나느니라(약 3:5-6)

이런 말을 심각하게 생각해야 하는 또 다른 이유가 있다. 어떤 사람의 몸을 보고 그를 깔볼 때 우리는 그 사람만 깔보는 것이 아니다. 사실 깔보는 그 사람을 자신의 형상으로 그토록 섬세하게 창조하신 하나님을 깔보는 것이다. 어떤 사람이 잔인한 농담이나 평가의 타깃이 될 수는 있겠지만 그 순간 궁극적으로 모욕을 받으시는 분은 하나님이다. 하나님이 만드신 것이 평균 이하라고 말하는 셈이 된다. 하나님이 만드신 것을 모욕하는 것일 뿐 아니라 그를 만드신 하나님을 모욕하는 것이 된다.

수년 동안 섭식 장애로 어려움을 겪는 또 다른 친구를 알고 있다. 심각했을 때 그는 위험할 정도로 말랐다. 그는 어린 시절에 당한 학대로 인해 자신의 몸을 수치스러운 것으로 보게 되었고 그래서 가능한 한 마르게 보여야 한다는 압박을 느낀다고 했다. 음식은 즐기는 것이 아니라 단지 할당치를 채워야 하는 칼로리와 미량의 영양소에 불과한 것이 되었다. 감사하게도 그는 자신을 다르게 보기 시작했고 더 건강한 몸무게를 갖게 되었다.

이것들은 물론 매우 복잡한 문제들이다. 지금까지 예시한 일들은 모두 남자들에게 일어났다. 내가 목회를 하면서 만나는 대부분의 사람은 여자보다 남자다. 오늘날 다수의 사람이 바디 셰임을 압도적으로 여자들의 문제라고 생각하기에 남자들의 예를 고려하는 것이 도움이 될 것이다. 타락의 결과는 우리에게 다양한 방면으로 영향을 미친다. 우리 모두는 창세기 3장에서 보는 아담과 하와의 수치를 경험한다. 우리 모두는 스스로를 가려야 한다. 우리 모두 어느 정도는 자신을 지나치게 의식한다. 많은 경우, 깨어짐은 몸 자체보다 우리 경험이 어떻게 우리 몸을 보게 했느냐에 관한 문제다. 문화, 가족, 우정의 단절, 자신이 누구고 어떻게 보여야 하는지에 관한 왜곡된 관점 등은 상호 작용하며 우리의 수치심에 기여한다.

이 모든 일의 기저에는 우리가 하나님으로부터 집단적이고 개인적으로 돌아선 것이 있다. 다른 데서 어떤 위로와 도움을 얻고자 할지라도 궁극적으로는 하나님께로 돌아와야 한다. 곧 살펴보겠지만, 육신의 모든 깨어짐의 해답은 예수님의 깨어진 몸에 있다.

06

죄로 인해 몸이 죽다

몸, 죄, 그리고 죽음

영국은 여러 스포츠를 탄생시킨 나라지만 요즘에는 우승하는 데 그리 능숙지 못하다. 전 국민이 가장 사랑하는 스포츠인 축구를 예로 들어 보자. 잉글랜드는 1966년 월드컵 이후로 우승을 해 본 적이 없는데, 이때는 오늘날보다 타이타닉호 침몰에 더 가까운 때다. 그렇더라도 우리 영국인은 1966년은 고작 몇 년 전이고 다음 우승이 금방이라도 찾아올 것처럼 살아간다. 바비 무어(Bobby Moore)는 당시 주장으로서 영국을 우승으로 이끌었던 사람이다. 그의 이름은 영원히 기억될 것이다. 그는 모두가 갖고 싶어 했던 트로피를 엘리자베스 여왕에게서 친히 받았던 사람이다.

그렇지만 그 순간은 우리가 생각하는 것만큼 그에게 영광스럽지 못했다. 무어는 여왕에게 월드컵을 받기 위해 웸블리 스타디움(Wembley Stadium)의 계단을 올라가면서 곧 마주할 일을 깨닫고 두려워졌다. 여왕은 새하얀 장갑을 끼고 있었다. 무어는 진흙투성이였고 그의 손 역시 그랬다. 그는 여왕과 악수해야 했다. 계단을 올라가는 그를 찍은 영상을 보면 그가 진흙을 떨어내려고 자기 손을 미친 듯이 옷에 닦는 모습을 볼 수 있을 것이다.

몸의 깨어짐에 대해 고민해 보기로 했을 때 우리는 몸에 대해 느끼는 수치심에 대해 생각할 수밖에 없었다. 우리는 우리 몸을 흠 있고 깨끗하지 않고 망가진 것처럼 느낀다. 이 딜레마는 인간의 죄만큼 오래된 것이다. 하나님에게서 멀어진 우리의 상태는 우리가 스스로를 가리고 보호해야 한다는 감각을 가지게 만들었다. 그러나 단지 우리가 어떻게 보이느냐가 수치심을 일으키는 것은 아니다. 직접적으로는 죄가, 자신의 죄와 타인의 죄 모두가 수치심을 야기할 수 있다. 수치심은 우리가 우리 몸에 행한 일로 인해 올 수 있다. 우리 중 누구도 하나님이 의도하신 대로 몸을 사용하지 않았다. 예수님은 하나님의 율법을 이렇게 요약하신다.

네 마음을 다하고 목숨을 다하고 뜻을 다하고 힘을 다하여 주 너의 하나님을 사랑하라 하신 것이요 … 네 이웃을 네 자신과 같이 사랑하라 하신 것이라 이보다 더 큰 계명이 없느니라(막 12:30-31)

우리는 이를 위해 만들어졌다. 우리가 가진 모든 것으로 하나님을 사랑하고, 우리 자신을 사랑하는 것처럼 이웃을 사랑하는 것. 이것이야말로 우리 몸이 만들어진 이유다. 우리에게 몸은 하나님과 다른 사람을 사랑하는 도구로 사용하라고 주신 것이다. 물론 이 둘은 함께 간다. 이웃 사랑하기에 실패한 것은 본질적으로 그들을 만드신 하나님 사랑하기에 실패한 것이다. 그들은 우리 이웃일 뿐 아니라 하나님의 작품이다. 그리고 하나님을 사랑하지 않는 것은 이웃을 사랑하지 못하게 한다. 하나님이 우리에게 진정한 사랑이 무엇인지 보여 주셨기 때문이다. 하나님을 떠나서 우리는 결코 진정한 사랑이 무엇인지, 어떤 의미인지 알 수 없다.

하지만 우리가 우리 몸을 이렇게 사용해 왔다고 말하기 힘들다는 것은 즉각 분명해진다. 우리 몸은 24시간 내내 하나님과 이웃을 사랑하는 데 사용되지 않는다. 몸은 우리의 죄악 된 의도가 사는 장소이며 그 의도를 위한 도구다. 우리는 도움을 주어야 할 때 그 자리를 떠난다. 글이나 말로 다른 사람을 무너뜨리고 우리 자신은 높인다. 우리 육체는 우리 죄성과 너무나 깊이 엮여 있다. 그리고 때때로 우리를 집어삼켜 깊은 수치심을 느끼게 만든다. 사도 바울은 이 사실을 잘 알고 있었다.

> 그러므로 내가 한 법을 깨달았노니 곧 선을 행하기 원하는 나에게 악이 함께 있는 것이로다 내 속사람으로는 하나님의 법을 즐거워하되 내 지체 속에서 한 다른 법이 내 마음의 법과 싸워 내 지체 속에 있는 죄의 법으로 나를 사로잡는 것을 보는도다 오호라 나는 곤고한 사람이로다 이 사망의 몸에서 누가 나를 건져내랴(롬 7:21-24)

우리 의도가 선할 때조차도 스스로를 죄로 몰아가는 경우를 본다. 우리는 마치 찌그러진 바퀴가 달린 오래된 쇼핑 카트 같다. 앞으로 밀려고 하지만 결국 옆으로 휘청거리기 일쑤다.

여기 바울의 표현이 얼마나 육체적인지에 주목하라. 두 번이나 "지체", 즉 자신의 몸을 가리킨다. 죄가 작동하는 것을 자주 볼 수 있는 곳이다. 이론적으로는(우리 머리는 적어도) 우리가 어떻게 행동해야 하는지 잘 알고 있다. 그러나 육체적으로는 죄에 대한 깊은 충성심을 발견한다. 마치 우리 편이 아닌 어떤 힘이 우리 안에 있는 느낌이다. 바울은 결국 이렇게 탄식한다. "이 사망의 몸에서 누가 나를 건져내랴?" 정말 이런 느낌이기 때문이다. 너무나 많은 죄와 황폐함이 우리 몸 안에서 그리고 우리 몸을 통해 일어난다. 몸은 우리의 죄악 됨을 경험하는 시작점이 되어 버렸다.

이 사실이 왜 바울이 우리의 죄악 된 본성이나 도덕적 허물을 육체(flesh, 헬라어로 *sarx*)라는 표현으로 치환하거나 간단하게 표현하는지를 설명해 줄 것이다.[1] 가장 극적인 예는 갈라디아서에 등장한다.

> 내가 이르노니 너희는 성령을 따라 행하라 그리하면 육체의 욕심을 이루지 아니하리라 육체의 소욕은 성령을 거스르고 성령은 육체를 거스르나니 이 둘이 서로 대적함으로 너희가 원하는 것을 하지 못하게 하려 함이니라(갈 5:16-17)

이런 강한 표현은 오해받기 쉽다. 이렇게 말하면 죄가 오직 육체와 관련된 문제라고 생각할 수 있다. 또는 죄 때문에 우리 몸이 본질적으로 악하게 되었다고 생각해 버릴 수 있다. 둘 다 잘못된 생각이다. 우리는 앞서 우리 몸이 타락했지만 여전히 본질적으로 선하다는 사실을 살펴보았다. 이미 보았듯, 다윗은 스스로 몸으로 지은 죄와 무관하지 않은 사람이었지만 자신의 타락한 몸이 여전히 오묘하고 놀랍게 창조되었다고 말할 수 있었다(시 139:14).

또 다른 곳에서 바울은 육체라는 표현을 우리가 평소에 쓰는 것처럼 중립적으로 사용해 육체적 문제를 설명한다.

> 육체는 다 같은 육체가 아니니 하나는 사람의 육체요 하나는 짐승의 육체요 하나는 새의 육체요 하나는 물고기의 육체라(고전 15:39)

여기서 바울은 서로 다른 피조물들의 **뼈** 위에 붙은 살을 가리키며 그들 간의 자연적 차이를 관찰하고 있을 뿐이다. 다른 부정적 시선은 없다. 단지 피조물로서 우리가 가진 육체적 다양성을 설명하고 있다. 따라서 바울이 **육체**라는 표현을 부정적으로 사용한 것을 보고 그것이 바울이 몸에 대해 지녔던 관점 전체를 반영한다고 추측해서는 안 된다. 그의 표현은 하나님이 우리에게 주신 몸이 죄의 도구로 사용되는 커다란 비극을 강조하기 위한 것이라 할 수 있다.

몸으로 지은 죄에는 여러 형태가 있을 수 있다. 우리는 몸의 거의 모든 지체를 오용하는 데 상당히 능숙하다.

> 우리가 육신에 있을 때에는 율법으로 말미암는 죄의 정욕이 우리 지체 중에 역사하여 우리로 사망을 위하여 열매를 맺게 하였더니(롬 7:5)

바울은 여기서 하나님의 율법이 죄악 된 남녀에게 어떤 폭발적인 결과를 가져왔는지 설명한다. 여기서도 "육신에 있을 때"라는 표현은 그리스도 전에, 그리스도 없이 살던 인생을 달리 표현한 것이다. 이런 상태에서 하나님의 율법은 도리어 우리 안에 있는 죄악 된 열망을 부추기고, 반응하게 하며, 율법에 반하여 행하게 했다. 우리가 주의를 기울여야 하는 것은 이 열망이 "우리 지체 중에 역사"한다는 사실이다. 여기서 **지체**는 우리 몸의 일부를 의미한다. 이는 마치 우리의 죄악 된 본성이 어떻게 사용해야 할지 알 수 없는 몸의 일부는 없다고 말하는 것과 같다.

같은 편지 앞부분에서 바울은 이렇게 쓴다.

> 그러므로 너희는 죄가 너희 죽을 몸을 지배하지 못하게 하여 몸의 사욕에 순종하지 말고 또한 너희 지체를 불의의 무기로 죄에게 내주지 말고 오직 너희 자신을 죽은 자 가운데서 다시 살아난 자 같이 하나님께 드리며 너희 지체를

의의 무기로 하나님께 드리라(롬 6:12-13)

우리의 자연적 상태는 죄가 우리의 "죽을 몸"을 지배하는 것이다. 바울은 특별히 우리가 죽는다는 사실에 초점을 맞춘다. 이는 (앞으로 살펴보겠지만) 우리가 죄악 되다는 사실의 궁극적 증거고 우리 죄의 결과이기 때문이다. 우리 몸이 죽는 것은 죄가 몸 안에서 지배해 왔다는 사실을 분명히 보여 주는 것이다.

바울은 또한 우리에게 "너희 지체를 불의의 무기로 죄에게 내주지 말고"라고 명령한다. 여기서도 바울은 단지 모든 사람이 그리스도에게서 분리된 기본 상태를 말하고 있는 것이다. 우리는 불의한 목적을 위해 몸의 각 부분을 사용할 방법을 찾아낸다. 이는 우리가 그리스도를 알기 전에 우리가 명백히 악한 것을 위해서만 몸을 사용했다는 말이 아니다. 단지 우리의 본성이 영적인 것은 완전히 망각한 목적들을 성취하기 위해 우리가 가진 모든 것을 사용한다고 말하는 것이다. 바울이 인간의 죄가 보편적이라는 사실을 구약성경을 인용하며 요약할 때 육체에 관련된 표현이 얼마나 많이 사용되었는지 보면 놀랍다.

그들의 목구멍은 열린 무덤이요
그 혀로는 속임을 일삼으며

그 입술에는 독사의 독이 있고

그 입에는 저주와 악독이 가득하고

그 발은 피 흘리는 데 빠른지라(롬 3:13-15)

몸의 어느 한 부분도 예외가 아니다. 우리 육신의 모든 부분은 어떤 방식으로든 죄를 섬기도록 압박받는다. 앞으로 보겠지만, 지금 이것이 바로 그리스도인으로서 우리 몸의 모든 부분을 성실하게 그리스도를 위해 구별해야 하는 이유다.

하지만 몸과 관련된 모든 죄가 동일한 방식과 동일한 정도로 몸에 영향을 미친다고 추론하지 않기 위해 바울의 다음 말도 들을 필요가 있다.

음행을 피하라 사람이 범하는 죄마다 몸 밖에 있거니와 음행하는 자는 자기 몸에 죄를 범하느니라(고전 6:18)

이 구절의 정확한 의미가 무엇인지는 학자들 사이에서 논란이 있다. 그러나 무슨 뜻이 아닌지는 확실하다. 바울은 성적 죄를 제외한 다른 죄는 자기 몸에 죄를 범하는 것이 아니라고 말하는 것이 아니다. 알콜 중독, 약물 중독, 식탐과 자살 등 많은 죄가 자기 몸을 해한다. 이것들 모두 분명히 우리 몸을 해한다. 건강을 지키는 합당한 청지기의 직무는 성적 죄를 멀리하는 것보다 훨씬 많은 것과(그 이하가 아니라) 관련 있다. 바울이 말하는 것은 성적 죄가 몸에 영향을 미치는 특별한 방식이 있다는 것이다. 이 죄만 영향을 미치는 것은 아니지만 이 죄만의 특별한 방식이 **있다**. 실마리를 몇 절 앞에서 찾아볼 수 있다.

> 너희 몸이 그리스도의 지체인 줄을 알지 못하느냐 내가 그리스도의 지체를 가지고 창녀의 지체를 만들겠느냐 결코 그럴 수 없느니라 창녀와 합하는 자는 그와 한 몸인 줄을 알지 못하느냐 일렀으되 둘이 한 육체가 된다 하셨나니(고전 6:15-16)

고린도 교회에는 창부와 관계하는 그리스도인들이 있었다. 아마 그들은 몸이 너무나 비(非)영적이기 때문에 육체적 갈망을 조금 만족시킨다고 해서 중대한 결과가 실제로 일어날 수 없으리라 생각했을 것이다. 그들은 하나님은 영적인 것에만 관심이 있으시고 육체적인 것에는 관심이 없으시다고 생각했던 것 같다. 만약 그들의 몸에 영적 의미가 없다면 그들이 몸으로 무엇을 하든 별문제가 안 되었을 것이다. 어떤 사람들에게는 이런 생각이 창부에게 정기적으로 방문하는 것을 정당화해 주었다.

바울은 이런 사고방식이 얼마나 치명적으로 잘못되었는지를 보여 준다. 바울은 그리스도인은 그리스도와 연합했음을 상기시킨다. 그리고 이 연합에는 몸을 포함한 우리 정체성의 모든 영역이 해당된다. 이제 우리 "몸이 그리스도의 지체"다. 서로 무관하지 않다. 오히려 그 반대다.

더욱이 바울은 그들에게 그리스도와의 연합과 깊이 함께할 수 없는 다른 종류의 연합이 여기 동시에 성립되고 있음을 상기시켜야 했다. 그들이 의도한 바였든 아니든 창부와 동침한 것은 그와 연합한 것이었다. 바울은 이를 "그와 한 몸"이 되었다고 표현한다. "둘이 한 육체가 된다"는 이런 생각은 창세기 2장의 아담과 하와의 연합에서 최초로 소개되었다. 그러나 이 일은 결혼 언약 안에서 일어나는 성적 연합에만 해당되는 것이 아니다. 이 한 몸 이룸은 한 남자가 아내와 성관계를 가질 때마다 일어나지만 동일한 일이 창부와 관계를 가질 때도 일어난다. 두 경우 모두 "한 몸"으로 연합하는 결과를 낳는다. 고든 피(Gordon Fee)는 이렇게 설명한다.

> 창녀와 성관계를 가지는 것은 (말 그대로) 한 사람의 몸과 다른 사람의 몸이 불법적인 성적 연합을 맺는 것을 포함한다. 성적 연합 자체가 그리스도와의 연합과 병존할 수 없

는 것이 아니라 **창녀와의** 연합이 병존할 수 없는 것이다.[2]

성적 죄는 다른 죄와 달리 몸 전체를 다른 사람의 몸 전체와 연합시킨다. 우리가 의도했든 의도하지 않았든 한 몸으로 연합하게 한다. 성적 관계는 다른 죄는 해당하지 않는 방식으로 우리 몸에, 우리 몸을 통해 어떤 일이 일어나게 하는 것이다. 브라이언 로즈너(Brian Rosner)와 로이 치암파(Roy Ciampa)는 이렇게 결론짓는다. 성적 죄를 제외한 "다른 어떤 죄도 육체를 어떤 것이나 어떤 이의 지배 아래 두겠다고 위협하지 않는다"[3]

우리 몸이 전혀 무죄한 것이 아니라, 우리가 성적 죄를 짓고 곧 우리 몸이 죄 안으로 들어간 것이다. 살펴보았듯이 우리 몸은 수많은 방식으로 우리 죄에 연루되어 있다. 그러나 성적 죄는 다른 죄가 할 수 없는 방식으로 우리 몸을 옴짝달싹 못 하게 한다.

앞에서 사용했던 표현대로 우리 몸은 언제나 죄악 된 본성의 시작점이 된다. 바울이 몸을 "사망의 몸"이라고 표현한 것은 놀랄 일이 아니다(롬 7:24). 몸의 모든 부분은 죄의 수단이자 죄가 머무는 곳이 되었다.

이를 고려하면 우리가 몸에 대해 생각할 때 어째서 그렇게 큰 수치심을 느끼는지 알기 어렵지 않다. 우리는 우리가 행한 특정한 잘못을 우리 몸과 연관시키기 때문이다. 그 잘못은 아마도 우리가 했다고 믿기 어려운 것이다. 결코 일어나지 않기를 바랐던 것이다. 몸이 직접적으로 연관되지 않은 죄도 마찬가지다.

셰익스피어의 『맥베스』(Macbeth)에서 맥베스 부인은 덩컨 왕 암살의 공모자다. 그녀는 그에게 손가락 하나도 대지 않았다. 소름 끼치는 추악한 일을 행한 사람은 남편이었다. 그녀는 옆에서 도왔을 뿐이다. 그럼에도 죄책감에 시달린다. 한 유명한 장면에서 그녀는 잠결에 돌아다니면서 덩컨의 피를 씻어 내려는 듯 병적으로 두 손을 비비며 이렇게 말한다. "사라져! 저주받을 흔적! 사라지라니까!" 그리고 "이 손은 깨끗해질 수 없는 것인가?"

이 장면은 셰익스피어가 쓴 작품에서도 특별히 통찰력이 돋보이는 장면 중 하나다. 인간의 심리에 대한 이해에서 분명 시대를 앞서간 부분이다. 이는 오늘날 깊은 죄책감에 시달릴 때 보이는 일반적인 반응으로 우리가 이해하는 것, 간절한 심정으로 어떻게든 그 죄가 씻겨 나가기를 원하는 감각을 묘사한다.

그러나 수치심은 우리가 지은 죄에만 뿌리를 박고 있는 것이 아니다. 이 감각은 죄를 지은 결과로도 생길 수 있다. 이 역시 우리가 어떻게 우리 몸을 바라보는지 정의하고, 깊은 수치심으로 이어질 수 있다.

  내가 아는 어떤 사람은 어린 시절 아버지에게 자주 맞으면서 컸다. 그는 얼굴을 맞았는데 이는 특별히 심리적으로 더 큰 상처가 되는(얼굴은 외부 세계에 우리가 누구인지 나타내는 곳이기에) 신체 부위를 맞은 것이다. 얼굴을 가격당하는 것은 아마 다른 어디를 맞는 것보다 더 인격적인 모욕이었을 것이다. 이 모든 일이 아주 어린 시절, 자아가 형성되는 시기에 일어났고 덕분에 문제는 더 심각해졌다. 그는 깊은 자기혐오를 품으며 컸고 특별히 자기 외모를 매우 싫어했다. 자신이 당한 일을 해석할 수 있는 유일한 길은 모든 것을 자기 탓으로 돌리는 것이었다. **그 자신**이 맞아야 할 이유였던 것이다. 어른이 되고 나서도 그는 자신의 외모를 미워했으며 지난 일에 대해 느끼는 수치심과 외모를 연결 지었다. 이런 육체적 자기 분개는 자해와 건강하지 못한 성적 행위 패턴(더 나이 든 남성에게 성적 쾌락을 제공하려는 필사적인 시도)으로 이어졌다.

  이 친구는 이제 그리스도인이며, 스스로를 하나님이 자신을 바라보시듯이 바라보고(다른 사람의 육체적 쾌락을 만족시킴으로써 자신을 구원하려 하지 않고) 그리스도의 구원하심을 받아들였다. 그럼에도 수치심은 완전히 사라지지 않았고 여전히 그가 싸워 내야 하는 것으로 남아 있다.

다른 사람의 죄는 우리 몸에 대한 관점을 온갖 잘못된 방식으로 일그러뜨리면서 아주 복잡한 방식으로 우리에게 영향을 미칠 수 있다. 학대를 당한 피해자들이 자기 탓을 하고 학대한 사람의 행위보다 자기 몸에 문제가 있다고 생각하는 것은 참으로 슬프게도 드문 일이 아니다.

죽음

우리 몸이 깨어졌다는 것을 가장 잘 보여 주는 증거는 어디에나 존재하지만 우리 마음에서 밀려나기에 그 중요성을 알아차리지 못하는 경향이 있다. 우리 몸은 죽는다.

우리는 대체로 우리 죽음을 영적 깨어짐과 연결하지 못한다. 우리 몸의 죽음이 어쩐지 자연스러운 현상이라고 생각하기 때문이다. 서구 사회에 사는 우리는 최대한 죽음을 생각하지 않으려고 한다. 우리에게 죽음은 결코 우리 육체의 운명이 될 수 없었다. 바울은 이렇게 쓴다.

> 그러므로 한 사람으로 말미암아 죄가 세상에 들어오고 죄로 말미암아 사망이 들어왔나니 이와 같이 모든 사람이

죄를 지었으므로 사망이 모든 사람에게 이르렀느니라(롬 5:12)

바울의 말에 의하면 죽음은 죄로 말미암아 들어왔다. 원래 의도에 포함된 것이 아니었다.

창세기의 창조 기사는 이 사실을 명확히 한다. 하나님은 창조 세계의 모든 것을 아담과 하와에게 너그럽게 열어 주신 후, 한 가지를 규정하셨다.

> 여호와 하나님이 그 사람에게 명하여 이르시되 동산 각종 나무의 열매는 네가 임의로 먹되 선악을 알게 하는 나무의 열매는 먹지 말라 네가 먹는 날에는 반드시 죽으리라 하시니라(창 2:16-17)

이 구절을 읽는 즉시 온갖 질문이 꼬리를 물고 떠오른다. "선과 악을 알게 하는 나무가 뭐지?" "그 열매를 먹는 게 뭐가 그렇게 나쁘지?" 그러나 그곳에 주어진 풍부한 공급과 자유를 놓치지 않아야 한다. 동산의 모든 나무는 그들에게 열려 있었다. 금지된 것은 단 한 그루(단 하나!)였다.

이 나무 열매를 먹는 것은 하나님에게 불순종하는 것이었고 그분의 권위에 반하는 것이었다. 명령을 어기는 모든 행위는 반역이지만 이 나무는 특별했다. 이는 하나님이 선과 악을 아시는 방식으로 선과 악을 아는 것을 의미했다. 선과 악을 단지 알 뿐 아니라 유일하게 선과 악을 결정하는 자가 되는 것이었다. 이 나무의 열매를 먹는 것은 하나님의 법을 어기기만 할 뿐 아니라 하나님의 법을 만들 권리, 하나님께만 합당하게 속한 그 권리를 스스로 떠맡는 것이었다. 어떻게 살아야 하는지, 무엇이 선이고 악인지 사람이 하나님보다 더 많이 안다고 말하는 셈이었다. 이것이 바로 하나님이 경고하신 죄였다. 이 죄에 대한 형벌이 죽음이었던 것은 자의적인 것이 아니다. 그 나무의 열매를 따 먹어 죄를 범하는 것은 하나님을 당연히 거하셔야 할 자리에서 밀어내고 사람을 그 자리에 대신 앉히는 것이었다. 생명이신 하나님으로부터 멀어지겠다는 것이었다. 그 결과는 죽음밖에 없다.

그럼에도 하와가, 이어서 아담이 그 열매를 먹고 죄를 범했을 때 그들은 바로 죽지 않았다. 사탄이 하와를 꾀었을 때 그는 이렇게 말했다. "너희가 결코 죽지 아니하리라"(창 3:4). 이렇다 보니 명령을 어긴 후 첫 순간, 어쩌면 아담과 하와는 사탄이 옳았다고 생각했을지도 모른다. **먹었는데 안 죽었잖아.** 사실 바로 죽지 않았던 것은 하나님의 자비였다. 이렇게 이른 시점에서도 성경 기사에서 우리는 하나님의 은혜를 보게 된다. 그분에게는 여전히 인류를 위한 계획이 있으셨다. 그들을 보존하셨다. 비록 죽음이 즉각적이지는 않았지만 피할 수는 없게 되었다. 그래서 하나님은 그들에게 말씀하셨다. "너는 흙이니 흙으로 돌아갈 것이니라"(창 3:19).

나는 이 글을 노트북으로 쓰고 있다. 그런데 나올 때 충전기를 가져오지 않았다. 지금 배터리는 58퍼센트 남아 있다. 내가 불안해지기 시작하는 시점은 아마 배터리 잔량이 30퍼센트 아래로 내려갈 때일 것이다. 그래서 지금부터 배터리가 죽기 전까지 글을 쓰느냐 아니면 충전기를 찾으러 일어나느냐의 게임이다. 두 시간 정도는 더 버틸 수 있을 듯하다. 하지만 한 가지는 분명하다. 이 배터리는 방전된다. 충전기에서 내 노트북을 뽑고는 충전기를 두고 밖으로 나온 순간부터 방전은 피할 수 없었다.

우리도 마찬가지다. 말하자면 모든 생명의 원천으로부터 우리를 뽑았을 때 죽음은 피할 수 없는 결과가 되었다. 이것이 바울이 이렇게 말한 이유다. "이와 같이 모든 사람이 죄를 지었으므로 사망이 모든 사람에게 이르렀느니라"(롬 5:12). 우리가 이 죄에 참여한다는 증거는 우리가 그 결과에 참여한다는 것이다. 죽음은 우리 모두를 찾아온다.

한 번 죽는 것은 사람에게 정해진 것이요 그 후에는 심판이 있으리니(히 9:27)

우리가 죽는 날은 우리 생일만큼이나 정해져 있다. 단지 언제일지 모를 뿐이다.

이전 세대에 비해서 우리는 죽음에 대해 많이 생각하지 않는다는 점이 쉽게 관찰된다. 일부는 좋은 이유 때문이다. 매슈 매컬로(Matthew McCullough)는 이렇게 쓴다.

> 현대 의학의 눈부신 발전은 서구인의 평균 수명에서 죽음을 점점 더 뒤로 밀어냈다. 우리는 역사상 그 어떤 사회보다 더 나은 질병 예방, 더 나은 약물 치료, 그리고 더 나은 응급 진료를 누리고 있다.[4]

매컬로는 계속해서 말한다.

> 18세기 말, 5명 중 4명이 70세가 되기 전에 사망했다. 일반적인 기대 수명은 30대 후반이었다. 지금은 **평균 수명**이 거의 80세가 되었다.[5]

우리는 이러한 진보를 기뻐한다. 나나 나와 아주 가까운 사람들이 겪었던 건강상의 문제가 불과 몇 십 년 전만 해도 오늘날과 달리 생명을 앗아 갈 수준의 일이었다는 것을 생각하면 정신이 번쩍 든다.

그러나 우리가 죽음에 대해 많이 생각하지 않는 이유는 의학적 변화에 의한 것이기보다 문화적 변화에 의한 것이다. 현실은 서구에 사는 우리가 **정말로** 죽음에 대해 생각하고 싶어 하지 않는다는 것이다. 기분 나쁘게 하니까 말이다. 지금 생각할 필요가 없다면, 왜 굳이 그 고통 속으로 우리를 밀어 넣어야 하나?

2000년에 리어나도 디캐프리오(Leonardo Dicaprio)가 주연한 영화 "비치"(The Beach)에서 한 무리의 여행자가 태국 해안에서 멀리 떨어진 그림 같은 섬에서 비밀 공동체를 결성한다. 그들은 그들만의 낙원을 만들고 어떤 대가를 치르더라도 즐기기로 마음먹는다. 그러던 어느 날 상어가 그들의 낚시 팀을 공격했을 때 한 명은 죽고 다른 한 명 크리스토는 심각하게 부상당한다. 그들은 공동체가 노출될 위험이 있어 그를 병원에 데리고 가지 않는다. 크리스토는 어쩔 수 없이 고통 속에 신음하며 남겨진다. 이 일은 전체 분위기에 영향을 미치기 시작한다. 주인공 리처드가 설명한다.

장례식이 끝나고 우리 모두는 일상으로 돌아가려고 했다. 하지만 그럴 수가 없었다. 얼마 지나지 않아 문제는 크리스토라는 것이 분명해졌다. 알다시피, 상어의 공격이나 다른 심각한 비극에서 중요한 것은 먹혀 죽는 것이다. 그래야 장례를 치르고, 누군가가 추모사를 낭독하고, 모든 사람이 그가 얼마나 좋은 사람이었는지 말하고 끝날 수 있다. 아니면 모두 그 일을 잊어버릴 수 있는 경우에 더 괜찮아진다.[6]

그렇지만 크리스토는 죽지도 않았고 그렇다고 회복되지도 않았다. 고통 속에 누워 매우 서서히 죽어 가고 있었다. 그래서 그들은 크리스토를 캠프에서 내보냈다. 그래야 그가 고통받으며 죽어 가는 비참한 현실을 보지 않을 수 있었기 때문이다. 리처드는 이렇게 결론 내린다. "눈에서 멀어지면 정말 마음에서도 멀어졌다. 그가 사라지자 우리 모두의 기분이 한결 나아졌다."[7] 영화는 오늘날 죽음과 죽어 가는 것에 대한 우리의 태도를 잘 요약해서 보여 준다. 눈에 띄지 않게 하라. 그것이 인생의 즐거움을 망치지 못하게 하라.

내가 속해 있던 첫 교회는 700년이나 된 성공회 교회였다. 주차장에서부터 교회 정문까지 가려면 교회 묘지를 지나가야 했다. 역사가 깊은 이런 교회라면 으레 공통적으로 가지고 있는 특징이다. 산 자와 죽은 자의 교제에 당신이 포함되어 있음을 상기시키기에 이보다 더 좋은 것이 있겠는가? 말 그대로 이미 영광 중에 있는 성도들을 지나 이 땅의 성도들의 모임에 참여하러 가게 된다.

죽음은 앞선 세대에서 일상생활 중에 더 선명했다. 우리는 죽음을 구석 끝까지 밀어 두었다. 매슈 매킬로는 다음과 같이 말한다.

> 이제 죽음의 가능성은 익숙한 장소에서 벌어지는 익숙한 사건(삶의 중심부에서 일어난 사건)에서 많은 사람이 아주 가끔만 방문하는 위생적이고 전문화된 기관으로 이동했다.[8]

그러나 죽음이라는 현실을 덧칠한다고 해서 죽음의 필연성은 전혀 축소되지 않는다. 단지 우리로 하여금 끊임없이 부정하게 할 뿐이다. 우리는 물리적으로 죽음에서 멀어지기 위해 안간힘을 쓴다. 불편하지만 사실이다. 우리는 죽을 것이다. 가설이 아니다. 다른 사람들에게만 일어나는 일도 아니다. 언젠가(아마도 우리가 생각한 것보다 일찍) 우리는 죽음을 마주하게 될 것이다. 이 사실을 생각하지 않으려는 결심은 단지 현실도피일 뿐이다.

  C. S. 루이스의 소설 『그 가공할 힘』에서 주인공인 마크가 자신의 죽음을 마주하는 장면이 있다.

> 그는 지금껏 이렇게까지 죽음의 문턱에 가까웠던 적이 없다. 자기 손을 내려다보았다(그의 손은 차가웠고 자동으로 계속 문지르고 있었다). 다섯 개의 손톱과 노란 담배 얼룩이 남은 둘째손가락이 달린 이 손이 어느 날 송장의 손이 되리라는, 시간이 지나 해골의 손이 되리라는 생각이 이제야 완전히 새롭게 다가왔다.[9]

  우리를 강하게 사로잡는 생각이다. 지금 손을 한번 내려다보라. 어느 날 그 손에서 생명이 사라질 것이다. 손톱은 보라색으로 변할 것이다. 피부는 부패할 것이다. 색깔, 점, 털, 손등을 타고 흐르는 옅은 색의 정맥까지. 결국 **뼈**만 남을 것이다. 우리는 흙으로 돌아갈 것이다. 빌 브라이슨(Bill Bryson)이 썼듯이 말이다.

  우리를 죽일 수 있는 것들은 수천 가지가 있다. 세계보건기구(WHO)가 펴낸 국제질병분류(ICD)에 따르면 8,000가지

를 약간 넘는다. 그리고 우리는 이 모든 것을 피할 수 있다. 딱 하나만 빼고.[10]

이것은 피할 수 없다. 팀 켈러는 말한다. "그 누구도 죽음을 피할 수는 없다. 온갖 전쟁과 역병도 사망자 수를 늘리지는 못했다는 말이 있다. 사망자 수는 언제나 한 사람 중 한 명이었다."[11]

그러나 성경이 보여 주는 죽음에 대한 인식은 인생의 실제적인 요소를 방해하는 것이 아니다. 오히려 명료함과 초점을 부여한다. 아마 모세가 쓴 시편 90편보다 이 점이 더 명료한 곳은 없을 것이다. 그는 하나님을 영원하신 분으로 묘사함으로 시작한다.

산이 생기기 전,
땅과 세계도 주께서 조성하시기 전
곧 영원부터 영원까지 주는 하나님이시니이다(시 90:2)

모세가 어느 지평선을 바라보았든, 영원한 과거든지 영원한 미래든지 하나님은 그곳에 계셨다. 산이 존재하기 전이나 땅이 생기기 전, 하나님은 여전히 거기 계셨다. 언제나 그리고 영원히. 우리의 죽을 운명은 이와 아주 날카로운 대조를 이룬다.

> 우리의 연수가 칠십이요
> 강건하면 팔십이라도(시 90:10)

80세(고대 사회에서는 참으로 무르익은 나이)라도 어쩔 수 없이 유한하다. 사도 야고보는 이를 더 확실하게 표현한다.

> 내일 일을 너희가 알지 못하는도다 너희 생명이 무엇이냐
> 너희는 잠깐 보이다가 없어지는 안개니라(약 4:14)

매일 아침 화장실 거울이 샤워기에서 나오는 수증기로 김이 서린다. 샤워가 끝난 후 거울을 보기 위해 내가 할 일은 단순히 창문을 여는 것이다. 순식간에 김이 사라진다. 사라지는 것을 눈으로 볼 수 있다. 우리 인생도 이와 같다.

우리가 젊었을 때는 우리 앞에 놓인 인생이 사실상 영원해 보인다. 그러나 모든 사람이 인생을 짧게 느끼는 데는 이유가 있다. 짧기 때문이다. 울타리 너머 영원을 볼 때면 우리는 이곳에서의 시간이 말할 수 없을 정도로 짧다는 사실을 깨닫게 된다. 나의 할아버지는 102세시다. 할아버지가 태어나셨을 때

는 제1차 세계대전이 한창이었다. 그럼에도 할아버지는 모든 것이 얼마나 빠르게 지나갔는지 말씀하신다. 이것이 우리가 중요하게 여겨야 하는 점이다. 시편 90편에서 모세는 이런 것을 묵상하면서 우울해하지 않았다. 그는 그때 깨달았다.

우리에게 우리 날 계수함을 가르치사
지혜로운 마음을 얻게 하소서 (시 90:12)

우리 날을 계수하는 것은 우리 자신의 유한함을 건전하게 인식하고 있음을 보여 주는 방식이다. 우리의 시간은 한정적이다. 그 사실을 아는 것은 이 삶이 어떠해야 하는지 명확하게 해 준다. 우리 날을 계수하는 것은 환영과 도피로부터 우리를 보호해 준다. 이는 "지혜로운 마음"을 얻는 열쇠다. 죽음을 의도적으로 망각하며 산다면 이 땅에서의 삶과 가장 중요한 것에 대해 올바르게 생각하지 않을 것이다. 하나님만이 영원하시다면, 그분의 생명을 가짐으로써만 피할 수 없는 죽음에 비웃음당하는 삶을 살지 않을 수 있다. 만약 우리의 인생이 전부가 아닐 뿐 아니라 최고의 삶은 더더욱 아니라면 우리 70년(또는 80년, 혹은 120년)은 그리 짧다 느껴지지 않을 것이다. 하나님의 생명으로 이끌림을 받는 것만이 죽음이 우리 삶을 가차 없이 끝내는 마침표가 되지 않게 할 방법이다.

그러나 그 전까지는 죽음이 우리 몸이 깨어졌다는 사실을 가장 강력하게 일깨워 준다. 비교적 건강하게 살아가더라도 우리 몸 안에 거하는 죽음의 망령은 피할 수 없다. 나이가 들어가는 과정 자체가 우리 몸이 어쩔 수 없이 마주해야 할 쇠퇴의 증거다. 우리 피부 세포들도 계속해서 우리 주변에 가득한 먼지가 되어 간다.

> 우리는 부주의하게 어마어마한 양의 피부 세포를 흘린다. 분당 약 25,000조각, 시간당 100만 조각 이상을. 먼지 덮인 선반을 손가락으로 쓸어 보는 것은 사실 옛 자신의 조각들 사이로 길을 내고 있는 것이다. 고요히 그리고 무자비하게 먼지가 되어 가고 있다.[12]

우리는 진실로 흙으로 돌아가고 있다. 살아가는 동안에도 말이다.

죽음은 우리 몸의 깨어짐의 절정이며 궁극적 증거다. 그러나 이야기의 끝은 아니다. 이제까지 우리는 이 깨어짐을 맞닥뜨리는 주된 길(고난과 수치, 죄와 죽음)을 살펴보았지만, 우리가 경험하는 깨어짐은 (누군가에게는 아무리 극단적이라 할지라도) 그 자체로 인간이 마주해야 할 궁극적 깨어짐의 경험은 아니다. 우리 모두의 몸보다 더 깨어진 몸이 있다. 그 궁극적 깨어짐을 통해서 우리는 우리 몸의 깨어짐에 대한 답변을 찾게 된다.

07

나를 위해 준비하신 몸

예수님의 깨어진 몸

나는 처음 소장했던 DVD를 여전히 기억하고 있다. 1999년 작 "매트릭스"(The Matrix)였다. 획기적인 특수효과와 스턴트 장면을 놀랄 만큼 선명하게 다시 볼 수 있는 것도 멋졌지만, 함께 담긴 전혀 새로운 개념의 보너스 영상을 참 좋아했다. 그 영상 때문에 많은 사람이 DVD를 구매했다.

보너스 영상은 나 같은 마니아에게는 최고다. "매트릭스" DVD에 포함된 영상에서 감독들은 여러 창의적 선택들에 대해 이야기해 주었다. **아 그래서 그렇게 멋졌구나**. 마술 같은 세트 장치들도 모두 설명해 주었다. **아 그렇게 한 것이었구나**. 사실상 모든 비하인드신이 공개되었다.

어떤 사람들은 물론 이 모든 것을 싫어했다. 그들은 그냥 영화를 보고 마법 같은 효과들을 신비에 남겨 두고 싶어 했다. 그러나 나에게 이는 영화를 더 즐길 수 있도록 해 주었다. 형편없는 영화조차도 이런 것들을 보여 주고자 했다는 감독들의 뒷설명을 듣고 나면 어느 정도 볼 만해진다.

성경은 우리에게 우리 몸을 포함한 창조 세계의 깨어짐에 대해 유일무이한 통찰력을 제공한다. 바울은 세계가 하나님 자신에 의해 허무하게 되어 제대로 작동하지 않게 되었음을 보여 주었다. 자연에서 우리를 방황하게 하는 것이 왜 그런지 성경은 설명해 준다. 그래서 모든 사람 중에서도 우리 그리스도인은 이 세계가 얼마나 타락했는지를 이해하고 인지해야 한다. 하나님은 왜 이 일들이 일어났고 무슨 의미를 지니는지를 알 수 있는 무대 뒤로 우리를 들여보내 주신 것이다. 우리는 다른 사람들은 할 수 없는 방식으로 세상을 이해한다. 마치 우리에게 최고로 볼 만한 DVD 부가 기능을 독점적으로 이용할 수 있는 기회가 주어진 것과 같다. 비하인드 장면을 보여 주고, 무엇보다도 일이 왜 그렇게 진행되는지 이해하는 데 도움이 되는 창조주 자신의 말씀을 제공한다.

이런 통찰은 적어도 우리에게 남다른 공감 능력을 부여한다. 몸의 극심한 깨어짐, 즉 만성 질병이나 바디 셰임으로 인한 반복적인 고통이나 어떤 성적 죄의 잔해 속을 조심스럽게 걸으며 살아야 하는 사람을 만나면, 마치 이런 일들이 우리와 무관하다거나 그들이 우리보다 열등하다고 느끼며 초연해할 이유는 없다. 누군가 우리가 개인적으로 겪을 일이 없었던 일을 겪고 있을 때 우리는 비록 말로 표현하지 않더라도 "정신 바짝 차려"라는 마음을 가지기 쉽다. 그렇다, 죄가 발생했다면 거기에는 개인의 책임과 과실이 존재한다. 그러나 이것이 죄의 여파와 씨름하고 있는 죄인에게 공감하지 못하고 차가운 태도를 보이는 것을 정당화해 주지는 않는다.

내가 성 불쾌감을 겪는 사람을 만난 것은 몇 해 전이다. 우리 둘을 아는 친구가 소개해 주었는데, 이 친구(맥스라고 부르겠다)는 친절하게도 그날 오후 자신의 이야기를 내게 들려주었다. 나는 온갖 종류의 죄와 유혹과 힘겹게 싸우고 있었지만 성 불쾌감을 느낀 적은 한 번도 없었다. 나는 내가 남성이 아니라고 느끼거나 여성이 되길 바란 적은 한 번도 없었다. 내 욕망과 소원은 온갖 다른 방식으로 죄로 인해 뒤틀려 있었지만 이런 종류의 것은 없었다.

나는 이 친구와 대화를 나누는 데 두 가지가 필요하다고 느꼈다. 첫 번째는 그가 겪었던 것을 나는 겪어 본 적이 없다는 사실을 명확히 하는 것이었다. 나는 "네가 어떤 기분이었는지 알 것 같아"라고 말할 수 없었다. 그렇게 느껴 본 적이 없기 때문이다. 맥스는 내가 그전부터 대처할 수 있었던 것보다 자신이 훨씬 더 많이 대응하고 있음을 내가 이해하도록 도울 만큼 충분히 분명하고 정직했다. 그러나 그가 겪은 시련과 내가 겪었던 일은 명확하고 깔끔하게 대응되지 않았다. 그의 경험은 내 것과 상당히 달랐다.

동시에 나는 그의 경험을 안다고 주장할 수는 없더라도 이 일을 우리 모두 함께 겪고 있음은 보여 줄 수 있었다. 로마서 8장이 우리를 같은 배에 타게 한다. 우리는 모두 타락한 피조물 속에서 타락한 사람으로서 삶을 헤쳐 나가고 있다. 그의 경험이 내게 아무리 생소해도 우리는 분명 비극적으로 깨어진 동일한 종의 일부다. 이 근본적인 차원에서 나는 그와 동일시할 수 있었다.

도덕적 가치 판단이 불가능하다는 얘기가 아니다. 내 친구와 내가 긴급하게 이야기해야 했던 성경의 진리는 분명히 있었다. 내 생각에 여러 중요한 부분에서 그는 비성경적으로 생각하고 있었다. 만약 그 길로 계속 간다면 그를 향한 하나님의 뜻에서 멀어지기만 할 그런 생각들이었다. 우리는 꽤나 어렵고 진솔한 토론을 해야 했다. 하지만 그러면서도 우리 모두가 타락한 인류임을 이해하는 것은 내가 우월하다고 느끼거나 그를 얕보고 판단하지 않게 해 주었다. 나는 타락의 상처를 전혀 입지 않고 인생을 활강하는 것이 아니었다.

그리스도인의 이런 관점이야말로 우리가 처하거나 반응하는 상황에서 우리를 은혜와 진리의 사람이 되게 한다. 우리가 다른 사람들의 깨어짐보다 자기 자신의 깨어짐을 더 인식한다면 우리는 올바른 방향으로 가고 있는 것이다. 우리 경험이 다른 사람의 경험과 아무리 달라도 우리는 그들을 무시하거나 배척하지 않을 것이다. 우리는 모두 같은 재료로 만들어졌고 같은 갈등을 겪는다. 그리스도인은 지구상에서 가장 공감할 수 있는 사람이어야 한다.

그리스도의 동정심

물론 아무리 노력해 봤자 우리는 그리스도를 무채색으로 반영하는 사람들에 불과하다. 동일시할 수 없는 그들만의 경험의 면면, 그 면면이 우리 삶과 다른 방식으로 그들의 삶에서 작용하는 것 등, 아무리 다른 사람들의 역경을 이해하고 동정하더라도 우리에게는 한계가 있다. 그러나 그리스도께 이해 못 할 것은 없다. 우리가 아무리 많이 이해한다 해도 그분은 항상 우리보다 더 이해하신다. 그분이 더 타락했기 때문이 아니라(완전 반대다!) 이 타락한 세계의 파괴를 예수님만큼 온전하게 경험하신 분이 없기 때문이다. 예수님이 우리보다 모르시는 인간의 고통은 존재하지 않는다. 히브리서 저자는 이렇게 표현한다.

> 우리에게 있는 대제사장은 우리의 연약함을 동정하지 못하실 이가 아니요 모든 일에 우리와 똑같이 시험을 받으신 이로되 죄는 없으시니라 그러므로 우리는 긍휼하심을 받고 때를 따라 돕는 은혜를 얻기 위하여 은혜의 보좌 앞에 담대히 나아갈 것이니라(히 4:15-16)

우리는 모두 우리를 동정하지 못하는 타인을 경험한 적이 있다. 아픔이나 필요를 들고 왔는데 무슨 말인지 모르겠다는 듯한 표정이나 한숨을 마주한 적이 있다. 친절과 이해가 필요한 순간에 귀찮은 존재, 해결해야 할 문제 취급을 당했던 때가 있다. 이런 이유가 우리를 더 악화시키곤 한다. 원래 가지고 있던 문제가 이런 추가적인 무감각함으로 인해 더 복잡해진다.

또 다른 경우, 정말로 이해하고 **싶지만** 이해하지 못하는 사람들도 있다. 그들은 다른 사람이 곤경에 처한 것을 본다. 그 상황으로 들어가서 무엇이 그토록 그들을 어렵게 하는지 알고 싶어 하지만 그럴 수가 없다. 자신이 겪었던 경험의 영역에서 너무나 멀리 떨어진 종류의 고통이기 때문이다. 히브리서 4장 15-16절은 예수님은 그러지 않으셨음을 보여 준다. 그분은 "우리의 연약함을 동정하지 못하실" 분이 아니다. 그분은 우리가 고통 중에서 그분을 의지할 때 어찌할 바를 몰라 가만히 있으시는 분이 아니다. 예수님은 받아들이신다. 사실 그분은 우리가 이해하는 것보다 더 많은 것을 이해하신다. 왜 그런지도 설명되었다. 그분은 "우리와 똑같이 시험을 받으신 이로되 죄는 없으시"다.

우리를 위한 완벽한 대제사장이 되시기 위해, 하나님과 우리 사이를 완벽하게 중보할 수 있는 사람이 되시기 위해 예수님은 올바른 방법으로 우리와 **같이** 되셔야 했고 올바른 방법으로 우리와 **다르셔야** 했다. 이 일이 어떻게 되었는지 말씀은 보여 준다. 예수님은 "우리와 똑같이 시험을 받으신 이"다. 이 땅에서 사실 때 고난으로부터 보호받으신 것이 아니었다. 영국 여왕은 가는 곳마다 언제나 새로 칠한 페인트 냄새만 맡을 거라는 농담이 있다. 그러나 예수님이 경험하신 인간의 삶은 덧칠하지 않은 날것이었고 깨끗하게 닦아 내지 않은 더러운 것이었다. 예수님의 삶은 인스타그램에 올릴 만한 순간순간의 연속이 아니었다.

그런데 이뿐이 아니다. 예수님은 "우리와 똑같이" 시험을 겪으셨을 뿐 아니라 "모든 일에" 그러하셨다. 예수님은 우리 중 그 일을 겪은 사람은 이해할 수 있지만 나머지는 이해하기 어려운 특정 어려움만 겪으신 것이 아니었다. 이 타락한 세상에 대한 예수님의 경험은 총체적이었다. 그분은 혹독한 고난을 당하셨다. 우리가 생각해 낼 수 있는 모든 유혹을 일일이 다 경험하셨어야 했다고 말하는 것이 아니다. 예를 들어 그분이 동성애나 비디오 게임으로 시간 때우기 같은 유혹을 경험하셨다는 이야기가 아니다. 예수님이 알 수 없는 종류의 시험은 없다는 의미다. 데인 오틀런드는 이렇게 요약한다.

> 예수님은 목마름, 배고픔, 무시당함, 거절당함, 비웃음당함, 수치, 당혹스러움, 버려짐, 오해, 누명, 목 조임, 고문당함, 그리고 죽임당함을 이해하신다. 그분은 외로움이 무엇인지도 아신다.[1)]

예수님이 알지 못하는 인간적 고통은 존재하지 않는다. 이 모든 종류의 고통을 그분은 동정하실 수 있다. 그렇게 하실 수 없다면 결함 있는 대제사장일 것이다.

그러면서도 예수님은 우리와 완전히 다르시다. 히브리서는 "우리와 똑같이 시험을 받으신 이로되 **죄는 없으시니라**"고 말한다. 이것이 예수님이 우리와 결정적으로 다른 점이다. 우리는 너무나 쉽게 유혹에 빠진다. 우리 마음이 죄악 되기 때문이다. 무슨 일이 일어났는지 정확히 파악하기도 전에 우리는 이미 그 길로 들어서 있기 일쑤다. 죄는 우리 깊숙한 곳에 자연적인 동지가 있다. 우리가 그 길로 달려가는 데는 그리 많은 노력이 필요하지 않다.

그러나 예수님은 죄가 없으시다. 그분은 광야에서 시험을 당하셨지만 그 시험은 아주 핵심적인 면에서 우리가 겪는 것과 달랐다. 시험을 경험하셨다는 측면에서는 우리와 동일하시다. 그러나 우리와 달리 예수님의 마음에 유혹은 완전히 이질적이었다. 그분의 내면에는 유혹이 착륙할 수 있는 땅이 없었다. 우리와 달리 말이다. 그래서 내적으로는 그분의 마음과 태도에, 외적으로는 그분의 모든 행동에 죄가 없으셨던 것이다. 데인 오틀런드는 이 사실이 왜 그렇게 중요한지 재차 요약한다. "예수님은 우리처럼 스스로 죄의 구덩이에 빠지지 않으신다. 그분만이 우리를 꺼내실 수 있다."[2)]

그분이 우리와 똑같은 곤경에 처했기 때문에 우리를 동정하실 수 있다면, 그분의 동정은 진심일 테지만 우리에게는 도움이 되지 않을 것이다. 만약 그분이 자신의 죄의 늪에 빠져 있으셨다면 우리를 도우실 수 없었을 것이다. 또는, 죄는 없으시지만 모든 것에서 완전히 동떨어져 계시고 그래서 인간이 겪는 시험과 연약함이 그분과 전혀 상관이 없었다면, 그분의 죄 없음은 그분이 멀리 계시고 동정심이 없도록 했을 것이다. 예수님은 우리를 대표하는 대제사장이실 수 없었을 것이다. 왜냐하면 우리가 필요로 하는 방식으로 우리에게 공감하시고 우리와 함께하실 수 없었을 것이기 때문이다. 그러나 예수님은 참으로 시험당하셨으나 죄는 없으신 사람으로서 우리를 동정하시고 도와주실 수 있다. 예수님은 이해하신다. 그분은 이 세상의 깨어짐에 대해 우리보다 더 많이 아신다. 따라서 그분이 우리보다 훨씬 더 알지 못하는 신체적 깨어짐과 인간 고통의 영역은 없다.

신체적 고통

우리는 서로 다른 방식으로, 여러 수준에서 이를 잘 알고 있다. 우리에게는 각자의 사정이 있고 자신만의 약상자가 있다. 그러나 예수님이 경험하신 신체적 고통은 얕은 것이 아니었다. 예수님이 경험하신 몸의 고통은 매우 극단적인 것이었다.

예수님이 사시면서 어떤 질병이나 알레르기나 부상을 경험하셨는지는 알 길이 없다. 예수님의 병력에 대해서는 알려진 바가 없다. 복음서 저자들은 그런 세부적인 것까지 신경 쓰지는 않았다. 그러나 각 복음서는 예수님이 삶의 끝자락에서 경험하셔야 했던 이례적인 신체적 고통을 보여 준다. 예수님의 신체적 고통을 생각할 때면 우리는 곧장 십자가를 떠올린다. 십자가가 예수님이 경험하셔야 했던 가장 끔찍한 것이었음은 분명하지만 거기서부터 그분의 고통이 시작된 것은 아니다. 예수님은 십자가를 지기 전에 이미 어마어마한 잔인함을 견디셔야 했다.

예수님이 자신의 죽음을 두고 하신 예언에 그 모든 것이 포함되어 있다. 예수님은 "인자가 많은 고난을 받고"(막 8:31)라고 하셨고 "그들은 능욕하며 침 뱉으며 채찍질하고 죽일 것"(막 10:34)이라고 말씀하셨다. 우리는 이 일이 실제 일어났음을 본다. 유대인 지도자들에게 구금되셨을 때 예수님은 공회 시작 전과 공회 도중에 구타당하셨다(마 26:67-68; 눅 22:63-64). 가장 심각하게 맞으신 것은 로마인들의 손에 의해서였다.

다시 말하지만, 성경에는 세세한 정보가 부족하다. 마태는 빌라도가 "바라바는 그들에게 놓아 주고 예수는 채찍질하고 십자가에 못 박히게 넘겨 주니라"(마 27:26)라고 말한다. **채찍질**은 우리 대부분에게 익숙하지 않은 것이다. 이는 로마에서 체계적으로 시행되고 기록으로도 남은 형벌로, 일반적으로 살점을 뜯어내기 좋도록 여러 갈래 끝에 뼈와 금속 조각을 붙인 채찍으로 죄수를 극심하게 때리는 것이었다. 목적은 맞는 사람의 살을 완전히 피범벅으로 만드는 것이었다. 지금 우리로서는 이해하기 힘든 형벌이다.

그리고 나서 그들이 예수님의 머리에 가시로 된 면류관을 씌웠다는 이야기를 보게 된다. 이는 홍포와 함께 예수님이 왕이라는 주장을 조롱한 것이었다. 우리는 예수님이 당한 고통의 이러한 측면을 멈추어 생각해 보지 않는 경향이 있지만, 그 같은 면류관은 피범벅이었고 참으로 고통스러웠다. 더욱 폭넓은 성경 이야기에 익숙한 사람들은 이 가시가 아담과 하와의 죄에 대해 하나님이 이 땅에 내리신 심판의 일부였기에 예수님은 말 그대로 우리의 저주로 면류관을 쓰고 계심에 주목한다.

이 모든 것이 예수님이 극심한 신체적 고통을 모르시는 분이 아니었음을 말해 준다. 우리가 큰 고통을 마주했을 때, 병이든 부상이든 다른 이들의 잔혹한 행위든 예수님이 이를 동정 못 하시지 않는다는 사실을 확신해도 좋다. 예수님은 우리 아픔과 불안을 이해하신다. 그분은 아신다. 우리는 예수님을 의지할 수 있다. 히브리서 저자는 일찍이 우리를 이렇게 격려했다. "그러므로 우리는 긍휼하심을 받고 때를 따라 돕는 은혜를 얻기 위하여 은혜의 보좌 앞에 담대히 나아갈 것이니라"(히 4:16). 이 예수님께 나아왔을 때 우리는 그분이 우리를 동정하지 못하는 분이 아닐 뿐 아니라 자비와 긍휼이 무한히 넘쳐 나는 분임을 확신할 수 있다.

사실 그 누구도 예수님만큼 신체적 고통을 잘 알지 못한다. 그분의 고통은 단지 육체적인 것이 아니었다. 당연하다. 예수님은 극심한 감정적, 영적 불안 역시 잘 아셨다. 우리가 육체적 시험을 마주했을 때 예수님은 온전한 연민과 이해심으로 우리 이야기를 들어 주신다.

우리가 경험하는 신체적 고통이나 연약함이 무엇이든 우리는 그리스도께서 겪으신 신체적 고통을 통해 언젠가 더 이상 눈물이 없는 새 창조의 세계에 우리가 있게 될 것임을 알게 된다. 예수님은 단지 우리를 잘 이해할 수 있기 위해 그 모든 것을 견디신 것이 아니다. 그분은 자신이 당한 고통을 통해 어떤 깨어짐도 없을 장래에 우리 몸의 존재를 보장하시기 위해 견디셨다. 예수님이 깨어짐으로 우리는 언젠가 나음을 입을 것이다. 우리의 고통이 아무리 강해도 그것은 궁극적이지 않다.

수치심

우리가 우리 몸 때문에 경험하는 여러 형태의 수치심도 예수님이 모르시는 것이 아니었다. 예수님의 외모에 대해서는 그 당시 그 지역에서 태어난 남성의 전형적인 모습이었으리라는 것 외에 알려진 바는 거의 없다. 그분의 키나 몸무게나 체격에 대한 구체적 사항을 알지 못한다. 그러나 동족에게 그분은 꽤나 평범해 보이셨으리라는 것은 안다.

> 그는 주 앞에서 자라나기를 연한 순 같고 마른 땅에서 나온 뿌리 같아서 고운 모양도 없고 풍채도 없은즉 우리가 보기에 흠모할 만한 아름다운 것이 없도다(사 53:2)

아름다움은 대체로 주관적인 것이지만 여전히 현실에는 남들의 주의를 끌 만큼 특별히 잘생긴 남녀가 존재한다. 이사야의 예언에 따르면 예수님은 그런 사람은 아니었다. 그분의 외모에는 주의를 끌 만한 요소가 없었다. 사람들을 예수님께 이끈 것은 용모나 외적 아름다움이 아니었다. 예수님은 (당연히) 온갖 부분에서 아주 비범하셨지만 그분의 외모는 아니었다. 만약 우리가 별로 특별할 것 없는 외모를 가지고 있다면 혼자가 아닌 셈이다.

  하지만 이사야의 예언은 한 단계 더 나아간다. 그분의 삶에서 예수님은 겉보기에 별 볼 일 없었다. 그러나 그분의 고통은 외면하고 싶을 만한 것이었다.

> 전에는 그의 모양이 타인보다 상하였고
> 그의 모습이 사람들보다 상하였으므로
> 많은 사람이 그에 대하여 놀랐거니와 …
> 그는 멸시를 받아 사람들에게 버림 받았으며
> 간고를 많이 겪었으며 질고를 아는 자라
> 마치 사람들이 그에게서 얼굴을 가리는 것 같이
> 멸시를 당하였고 우리도 그를 귀히 여기지 아니하였도다
>
> (사 52:14; 53:3)

  목을 빼고 구경하는 구경꾼 이미지는 우리에게 익숙하다. 길가에 멈춰 서서 반대편에 무슨 사고가 났는지 잘 보려고 서행하는 사람들 말이다. 어쩌면 그렇게 해 본 적이 있는지도 모르겠다. 우리는 때로 이상하리만치 이런 일에 흥미를 가지고 그 순간 무슨 일이 일어났는지 알고 싶어 한다. 우리는 고작 이런 이유로 서행하는 운전자들 때문에 교통 체증을 겪어 본 적이

있다. 하지만 매혹이 역겨움으로 바뀌는 지점이 있다. 너무나 끔찍하여 도저히 눈 뜨고 볼 수가 없는 상황이다.

이사야의 예언은 그리스도께서 타인에 의해 고난을 받아 거의 인간의 모습이 아니게 되리라는 것을 말하고 있다. 이번에는 사람들이 목을 내밀고 그 광경을 구경하는 것이 아니라 눈을 돌리기 위해 목을 비틀 것이다.

우리 중 어떤 사람들은 자신이 혐오스럽게 생겼다고 느낄 것이다. 어떤 경험이 우리가 그렇게 가정하고 타인이 자신을 바라볼 때 깊은 수치심을 느끼게 했다. 아무도 나를 보지 않았으면 좋겠고 발견하지 않았으면 좋겠다. 내 친구 중 한 명은 한동안 이런 느낌을 가지고 있었다. 그녀는 우리가 그녀를 볼 수 없도록 차 뒷좌석에 앉게 해 줄 때만 함께 외출했다. 또 어떤 때는 자신을 쳐다보는 몇몇 친구를 견뎠다. 우리 대부분은 이 정도로 극단적이지 않지만 그래도 우리가 어떻게 보이는지에 깊은 수치심을 느낀다. 어떤 사람은 내게 말해 주기를 자기 모습 때문에 스스로를 걸어 다니는 과녁처럼 느꼈다고 했다. 사람들이 자신을 보고 싫어하는 것은 단지 시간문제라는 것이다.

물론 이 주제에 대해 할 말은 정말 많다. 그러나 이런 식으로 느끼는 사람에게는 예수님이 극도의 수치심을 경험하는 것이 무엇인지 아신다는 사실을 깨닫는 것이 분명 중요하다. 죽기 전 예수님이 겪으셨던 일들이 너무나 가혹해서 사람들은 눈을 돌리고 몸을 피했다. 우리 중에는 몸에 관련된 수치심 다른 영역보다 더 핍진하게 받아들이는 사람이 있을 것이다. 그러나 예수님의 수치는 궁극적인 것이었다. 우리가 어떻게 느끼든지 예수님은 그것이 어떤 것인지 정확하게, 다른 누구보다 더 잘 아신다.

역설적이게도 우리는 궁극적인 수치를 감당하셔야 했던 그분을 볼 때에만 우리가 나아갈 길을 찾을 수 있다.

내가 여호와께 간구하매 내게 응답하시고
내 모든 두려움에서 나를 건지셨도다
그들이 주를 앙망하고 광채를 내었으니
그들의 얼굴은 부끄럽지 아니하리로다(시 34:4-5)

궁극적 수치의 심연까지 내려가셨던 그분이야말로 우리를 다시는 그런 수치를 겪을 필요가 없는 곳으로 들어 올려 주실 분이다. 그분은 우리가 불렀을 때 응답하시고, 우리를 압도하는 모든 것 앞에서 우리가 무력할 때 구원하시는 분이다. 그리고 그 결과 우리 "얼굴은 부끄럽지 아니"할 것이다. 예수님은 결코 우리를 실망시키지 않으실 것이다. 그분은 우리가 수치로부터 빠져나올 수 있도록 스스로 수치가 되셔야 했다. 우리가 수치로부터 보호받을 수 있도록 스스로 수치의 포로가 되셔야 했다.

그렇게 "그들이 주를 앙망하고 광채"를 내게 되었다. 생각해 볼 만한 문제다. 예수님을 바라본 자들의 모습이 더 나아지리라는 말이 아니다. 예수님을 바라봄으로써 우리를 빛나게 하는 어떤 일이 우리 안에서 일어나리라는 말이다.

우리는 모두 외모는 아주 매력적이지만 내면은 전혀 매력적이지 않은 사람들을 만난 적이 있다. 내면이 매력적이지 않은 사람을 만나면 그것이 그의 외모를 달리 보게 만든다. 외모는 성품과 함께 가지 않는다면 거의 아무 의미가 없다. "아름다운 여인이 삼가지 아니하는 것은 마치 돼지 코에 금 고리 같으니라"(잠 11:22). 금고리의 아름다움은 돼지에게 걸려 있을 때 완전히 퇴색된다. 부족한 성품은 신체적 매력을 아주 쉽게 퇴색시킨다. 외모는 굉장히 피상적이다.

외모는 또한 금새 사라진다. "고운 것도 거짓되고 아름다운 것도 헛되나"(잠 31:30). 우리의 상대적인 매력은 시간이 지나면서 크게 변할 수 있다. 나이를 먹고, 사고를 당하고, 병이 들고, 역경을 거치면서 우리 모습은 바뀐다. 그러나 우리 내면의 아름다움은 사라지지 않는다(벧전 3:4). 앞서 본 시편 34편이 우리에게 말해 주는 바다. 이것이야말로 노화 과정이나 이생의 변덕스러움이 축소할 수 없는 진정한 아름다움이다. 그리고 이는 우리가 어떻게 **보이는가**보다 무엇을 **보느냐**의 문제며 우리 모습이 **어떤가**가 아니라 우리가 **어디를** 보고 있느냐의 문제다. "그들이 주를 앙망하고 광채를 내었으니."

앞서 키 때문에 스스로를 남자답지 못하다고 생각했던 내 친구 셸비를 언급했다. 최근에 그가 이런 편지를 보내왔다.

> 지난 십 년 동안 주님 안에서 너무나 많이 성장해서 이제 그 문제는 나를 괴롭히지 않는다는 사실을 알게 되었어. 하나님은 실수가 없으시고 나는 하나님이 정하신 목적에 꼭 맞게 만들어졌다는 사실을 머리와 가슴으로 알게 되었을 때 생기는 안정감 때문인 것 같아. … 만약 내가 지금 내 모습 외에 다른 모습이라면 하나님의 목적에서 벗어난 거겠지. 하나님의 절대적인 주권으로 나는 키가 크지 않고 피부색이 어둡지 않고 잘생기지도 않았어. 그 대신 나는 키가 작고 하얗고 재미있지. 더 키 큰 나를 욕망했던 그 모든 날은 어리석었어. 왜냐하면 하나님이 디자인하지 않은 나를 원했던 것이니까.

몸 불쾌감 (body dysphoria)

우리 몸이 깨어졌다는 사실을 단적으로 보여 주는 예로 언급한 것은 성 불쾌감이었다. 우리가 실제 성별과 일치하지 않는다고 느끼는 경험이다. 그리스도인으로서 우리는 이 논의를 둘러싼 많은 생각 그리고 내면의 감정을 우선시하느라 우리 몸이 주어진 상태를 제쳐 놓게 되는 방식을 문제 삼아야 한다. 내가 증명하려고 했던 것처럼, 성경은 남성성과 여성성 모두 심리학적 결정이 아니라 생물학적 기반에 놓여 있음을 보여 준다. 그러나 많은 경우, 생각은 부족하지만 경험하는 고통은 매우 현실적이다. 팀 켈러와 캐시 켈러는 이렇게 관찰한다.

> 당신의 느끼는 것이 실제 육체와 날카롭게 불일치하는 경험은 삶을 송두리째 흔드는 수준의 고통이다. 그리스도인으로서 우리는 하나님이 자신의 본성을 인간의 두 성으로 반영하도록 창조하시고 "좋았더라"고 하신 것이 타락으로 어떻게 뒤틀려 버렸는지(창 3장) 알고 그 누구보다 이해와 연민을 보여야 한다.[3]

우리 모두는 육체적으로 타락의 저주를 경험한다. 그러나 우리 몸이 가진 문제에 대한 해답은, 다른 모든 문제와 마찬가지로 우리 몸에서 찾아지지 않는다. 우리가 몸에 행하는 어떤 행위도 우리의 진정한 자아를 찾도록 도와줄 수 없다. 적어도 참되고 지속 가능한 방식으로는 불가능하다. 외모를 바꿀 수 있고, 잘못되었다고 생각하는 것의 대부분을 바꿀 수는 있다. 그러나 그렇게 깊이 갈망하는 참된 자유는 결코 찾을 수 없을 것이다.

아니, 우리는 그리스도의 몸이 당한 궁극적인 깨어짐을 다시 한번 들여다보아야 한다. 이미 보았듯이 그리스도는 궁극적인 고통을 겪으셨다. 그분의 몸은 타인으로부터 온갖 욕설을 받으셨다. 한 번도 성 불쾌감을 경험하신 적은 없었지만, "죄를 알지도 못하신 이"가 "우리를 대신하여 죄"가 되셨을 때(고후 5:21) 그것은 맞지 않는 육체로 존재하는 궁극적인 경험이었다. 이보다 더 큰 불쾌감은 없다. 그리고 그분은 이 모든 것을 우리를 위해 겪으셨다. 팀 켈러와 캐시 켈러는 이 사실을 기억하게 해준다.

> 누구든지 그리스도의 몸 안에 있는 것으로써만, 즉 한 가정의 어린아이가 되는 그분의 정체성 변화를 통해서만 이 세상에서 어긋난 듯한 감각으로부터 궁극적인 위안을 얻

을 수 있다.[4]

참된 몸의 소망은 오직 그리스도 안에서만 발견된다.

죽음

몸이 깨어졌다는 궁극적인 표시이자 경험은, 앞서 살펴보았듯이 죽음 그 자체다. 바울이 죽음을 "맨 나중에 멸망 받을 원수"(고전 15:26)라고 표현한 데는 그만한 이유가 있다.

다시 한번, 복음서 기록은 그리스도의 죽음을 그리 상세하게 묘사하지 않는다. "예수께서 … 숨지시니라"(눅 23:46). 그러나 일어난 일이 역사적으로 정확하다는 것은 의심할 필요가 없다. 예수님은 죽으셨을 뿐 아니라 병사들이 옆구리를 창으로 찔러 그분의 죽음을 확인했으며 예수님을 따랐던 이들이 그분의 매장을 목격했다. 단지 빈사 상태셨거나 비유적 의미의 죽음을 겪으신 것이 아니다. 예수님은 실제로, 참으로 죽으셨다.

그러나 예수님은 죽을 만한 일을 하지 않으신 유일한 인간이었다. 우리는 이미 죽음이 어떻게 죄의 피할 수 없는 결과가 되었는지 살펴보았다. 바울은 죽음을 "죄의 삯"(롬 6:23)이라 표현한다. 그러나 예수님은 죄가 없으셨다. 예수님은 죽음이 자연스럽지 않은 유일한 사람이다. 그리고 물론 예수님은 우리에게 그분의 죽음이 자신의 죄 때문이 아니라고 말씀하셨다.

> 인자가 온 것은 섬김을 받으려 함이 아니라 도리어 섬기려 하고 자기 목숨을 많은 사람의 대속물로 주려 함이니라(막 10:45)

예수님의 죽음은 다른 사람들, 즉 "많은 사람"을 위한 것이었다. 그분의 죽음은 살면서 자신이 지은 죄의 결과가 아니라 우리가 살면서 우리가 지은 죄를 대속한 것이었다. 이런 이유로 예수님은 그렇게나 죽음을 향한 뜻이 확고하셨다. 예수님은 단호하게 "인자가 … 죽임을 당하고"(막 8:31)라고 말씀하셨다. **반드시** 죽임당할 것이다.[5] '죽어야 할지도 모른다'가 아니었다. 가능성이 아니었다. 죽는 것이 그분의 운명이었다. 그날이 왔을 때 예수님은 제자들이 일이 잘못되어 자신이 죽은 것이 아니라 오히려 모든 일이 계획대로 되었기에 죽었다고 생각하기를 원하셨다.

그렇게 그분의 죽음으로 말미암아 우리의 죽음이 패하게 되었다. 우리는 여전히 이 땅에서 죽음을 맞이하지만, 죽음은 더 이상 동일하게 파괴를 의미하지 않는다.

> 이 썩을 것이 썩지 아니함을 입고 이 죽을 것이 죽지 아니함을 입을 때에는 사망을 삼키고 이기리라고 기록된 말씀이 이루어지리라 사망아 너의 승리가 어디 있느냐 사망아 네가 쏘는 것이 어디 있느냐(고전 15:54-55)

죽음은 더 이상 심판과 패배의 표시가 아니며 그리스도와 함께할 새로운 삶을 향해 들어가는 입구다. 앞으로 살펴보겠지만 우리는 신체적 생명이 다함과 함께 끝나지 않을 것이다. 새 창조의 세계에서 신체적 삶을, 죽음의 망령이 얼씬거리지 못하는 삶을 즐길 것이다. "당신의 죽음은 끝이 아니라 시작이다. 벽이 아니라 문, 출구가 아니라 입구다."[6] 이 모든 것이 예수님이 자신의 몸을 죽음에 내던지신 결과 주어진다.

> 친히 나무에 달려 **그 몸**으로 우리 죄를 담당하셨으니(벧전 2:24)

> 이 뜻을 따라 **예수 그리스도의 몸**을 단번에 드리심으로 말미암아 우리가 거룩함을 얻었노라(히 10:10)

이제는 **그의 육체**의 죽음으로 말미암아 화목하게 하사 너희를 거룩하고 흠 없고 책망할 것이 없는 자로 그 앞에 세우고자 하셨으니(골 1:22)

우리 몸에서 겪는 문제들은 결코 우리 몸을 통해 궁극적으로 해결되지 않을 것이다. 몸의 어떤 깨어짐을 개선해 볼 수 있을지는 모른다. 우리는 병을 치료하고 고통을 덜 수는 있을 것이다. 그러나 깨어진 것을 온전케 할 수는 없다. 우리의 유일한 소망은 완전히 그리고 궁극적으로 우리를 위해 깨어지신 예수님의 몸이다. 그리고 그분의 깨어진 몸을 바라봄으로써 우리 몸에 대한 참된 소망을 발견하게 된다.

그리스도 안에서 우리 몸은 더 이상 이 **몸으로** 우리가 무엇을 하느냐, 또는 다른 사람들이 이 **몸에** 무엇을 했느냐가 아니라 오로지 예수님이 이 **몸을 위해** 하신 일로 결정된다. 그러므로 우리는 "우리 몸의 속량을"(롬 8:23) 인내함으로 기다린다. 기다리는 동안 우리는 새 주인이자 구원자를 위해 우리 몸을 사용하는 것이 무엇을 의미하는지를 배우며 살아간다.

PART. 3

구속받은 몸

08

성령의 전

몸과 그리스도

　다른 사람에게 소유되는 것보다 더 두려운 일을 상상하기란 어렵다. 온전히 다른 사람에게 귀속되는 것 말이다. 비극적이게도 어떤 사람들에게 이런 일은 상상력이 필요치 않다.

　내가 소중히 여기는 한 친구는 젊은 시절 성노예로 팔려 갔다. 그녀에게 수많은 신체적 비신체적 상처를 남긴 시기였다. 그 시기는 그녀가 몸과 자기 자신을 분리하도록 가르쳤다. 몸은 더 이상 그녀의 것이 아니었다. "내 몸은 어쨌든 내 게 아니었어요. 누구든 언제나 가져갔어요." 최근에 나에게 했던 말이다. 그녀는 결국 탈출에 성공해 새로운 삶을 살게 되었다. 그 모든 과정 중에 그녀는 그리스도인이 되었다. 성경의 이 구절은 그녀에게 참 소중한 구절이다.

너희는 너희 자신의 것이 아니라 값으로 산 것이 되었으니

(고전 6:19-20)

이 구절은 끔찍하고 비인간적 의미로 참이었고, 이제는 생명을 주며 지극히 위엄 있는 의미로 참이다.

누군가가 나를 샀다는 얘기는 우리 귀에 끔찍하게 들린다. 그럴 만하다. 인간의 타락은 다른 인간을 소유하는 책임을 감당할 수 있다고 믿기 어렵게 한다. 우리는 서로에게 끔찍한 주인일 것이다. 성경이 인신매매를 말할 수 없이 악한 것으로 금지하는 이유다.

이제까지 우리는 우리 몸이 얼마나 깨어졌는지 그리고 예수님이 얼마나 놀랍도록 몸의 궁극적인 깨어짐 속으로 들어오셔서 우리가 다시 회복될 수 있게 하셨는지 생각해 보았다. 그러나 예수님은 단지 멀리서 땜질로 때우면서 우리를 고치시는 분이 아니다. 스스로 더 이상 가까울 수 없을 정도로 우리에게 다가오셨다. 예수님은 자신을 우리와 연합시키셨다. 이 연합의 또 다른 차원은 우리가 이제는 그분께 속했다는 것이다. 우리는 온전히 그분의 것이다. 그러나 예수님은 힘으로 우리를 억압하시지 않았다. 그분은 우리를 강압적으로 대하거나 조종하지 않으셨다. 우리를 빼앗지도 않으셨다. 그분은 우리를 값 주

고 사셨다. 소중한 자기 생명의 값을 우리를 위해 내어놓으심으로써 말이다.

우리 몸이 예수님으로 인해 회복되고 구속될 수 있는 유일한 길은 우리 몸이 예수님께 **속하는** 것이다.

고린도 성도들은 몸을 왜곡된 시각으로 보았다. 교회 공동체 안에서 여러 말이 떠돌았다. 마치 오늘날 해시태그처럼 사람들 사이에 회자되는 사고방식이었다. 그중 하나는 다음과 같다.

모든 것이 내게 가하나(고전 6:12)

달리 말하자면 그리스도인이기에 나는 자유롭다는 것이다. 나는 그 어떤 외부의 법에 구속받지 않는다. 그리스도가 내게 자유를 주셨으니, 나는 내가 원하는 대로 할 수 있다.

여기에는 어느 정도 진리가 있다. 우리는 물론 그리스도인으로서 자유롭다. 하나님 앞에서 우리 상태는 율법과 규칙을 준수하는 데 기초하지 않는다. 구약에서 하나님이 주신 율법은 그분께 좋은 평가를 받기 위해 순종할 수 있는 능력이 우리에게 있다는 인상을 주려고 주어진 것이 결코 아니다. 사실 율법을 주신 것은 정반대 이유 때문이다. 원래 우리가 가져야 했던 모습이 우리에게는 없으므로, 오직 하나님의 용서하심을 기초로 하나님과 연결될 수 있음을 보여 주기 위해 주어진 것이다.

맞다, 이런 의미에서 우리는 율법에서 자유롭다. 하나님 앞에서 우리 상태는 그런 것들 위에 있지 않다. 몇 장 뒤에 바울 자신은 이렇게 말한다. "내가 자유인이 아니냐?"(고전 9:1). 이 질문에 대한 답은 너무 당연해서 바울이 대답할 필요도 없다.

그렇더라도 그리스도 안에 있는 우리 자유가 우리에게 어떤 종류의 의무도 없음을 의미하는 것은 아니다. 바울은 스스로 말했듯이 "그리스도의 율법 아래에 있는 자"(고전 9:21)였다. "그는 모세의 율법에 구속되지는 않았으나 그리스도의 권위 아래 사는 자로서 하나님께 순종하는 삶에 구속되어 있었다."[1] 그리스도 안에서 우리 자유는 결코 도덕적 의무가 없다는 의미가 아니다.

그러나 많은 고린도 성도가 이런 믿음을 가지고 있었던 것으로 보인다. "모든 것이 내게 가하나"라는 표현은 그리스도인에게 금지된 행동들에 대한 변명이 되었다. 그래서 바울은 앞서 이런 표현으로 반응했던 것이다.

> 모든 것이 내게 가하나 다 유익한 것이 아니요 모든 것이 내게 가하나 내가 무엇에든지 얽매이지 아니하리라(고전 6:12)

그들은 무엇이든 할 수 있는 자유가 있다고 느꼈을지도 모른다. 그러나 그들이 했던 행위는 첫째, 도움이 안 되었고 둘째, 사실상 해로웠다.

하나님 백성이 그분의 길을 따라 사는 것은 자의적이지 않다. 하나님은 우리를 위한 행동의 선을 단지 어딘가에 그어야 했기에, 어디에든 쉽게 그려졌기에 그리시지 않았다. 나의 대가족은 매년 불(Boules)[2] 토너먼트를 연다. 매년 아무도 이기기 위한 공식 점수를 기억하지 못하기 때문에 우리가 자의적으로 정한다. 우리가 짐작하기에 따라 매번 달라진다. 어느 해는 7점, 어느 해는 5점이다. 그러나 우리를 향한 하나님의 뜻은 그렇지 않다. 그분이 계명을 주실 때, 그 계명을 우리에게 좋은 것이다. 그분은 우리를 만드셨고 우리에게 최선이 무엇인지 아신다.

바울이 여기서 밝히려고 애쓰는 것처럼, 우리를 향한 하나님의 뜻 밖으로 나갈 때 그것은 우리에게 도움이 되지 않을 것이다. 사실 그것은 우리를 노예 삼을 수 있다. 죄는 단지 추상적 의미에서만 잘못된 것이 아니다. 죄는 하나님이 우리가 살기 원하시는 것에 위배된다는 의미에서 잘못된 것이다. 모든 죄가 모두에게 명백하게 직접적으로 그리고 즉각적으로 해롭지는 않다. 상당수의 죄는 더 미묘하다. 그러나 그런 죄들도 전혀 의도하지 않았던 방향으로 우리를 몰고 갈 수 있다. 이제 우리가 상상도 못 했던 일들을 하고, 그 일을 멈출 힘이 없음을 깨닫는다. 예수님이 말씀하셨듯이 "죄를 범하는 자마다 죄의 종이라"(요 8:34).

진짜 문제는 고린도 성도들이 몸을 보는 관점이 그들로 하여금 특히 성적 죄악을 합리화하도록 만들었다는 사실이다. 바울은 또 다른 그들의 표현을 인용한다.

> 음식은 배를 위하여 있고 배는 음식을 위하여 있으나(고전 6:13)

그다음은 어떻게 될지 상상할 수 있을 것이다. 우리에게는 음식에 대한 신체적 욕구가 있다. 그래서 배가 고프면 우리는 먹는다. 우리 배는 음식을 필요로 하며 음식은 먹으라고 있다. 동일한 논리가 성적 죄를 합리화하는 데 사용되었다. 이것 역시 결핍을 느끼면 채워야 하는 또 다른 신체적 욕구다. 둘 다 단순한 생물학적 문제다. 음식은 칼로리 섭취에 불과하며 섹스는 단지 체액 교환일 뿐이다. 고린도 성도들은 영원한 영적, 도덕적 의미는 없다고 생각했다.

그러나 이 모든 것은 몸에 관해 중요하고 잘못된 전제에 기댄 것이다. 신약학자 로이 치암파와 브라이언 로즈너는 다음과 같이 요약한다.

> 그리스의 이원론적 사고의 전형적인 양식의 영향으로 고린도 성도들은 하나님은 인간의 죽음을 이겨 내는 측면, 즉 영혼이나 영에만 관심 있으시리라 추론했던 듯하다.[3]

아직도 많은 사람이 이렇게 생각하고 있다. 하나님은 우리의 '영적'인 면에만 관심을 가지신다. 우리 육신은 그분의 뜻과 무관하며, 단지 우리 영혼을 담고 있는 현재적이고 영구적인 용기에 불과하다. 우리의 영원한 상태는 (믿기로는) 물질적이지 않고 영적일 것이다. 따라서 현재 우리의 물질성은 영원한 가치를 지닌 것이기보다 일시적인 방편이다.

우리는 이런 사고방식이 고린도 성도들에게 동시에 두 방면으로 영향을 미쳤다고 볼 수 있다. 어떤 이들에게 이렇게 몸을 낮춰 보는 관점은, 하나님과의 관계에 영향을 미치리라는 생각은 전혀 없이 몸을 원하는 대로 사용할 수 있게 했다. 그래서 그들은 성적 죄에 빠져들었다. 또 어떤 이들에게 동일하게 몸을 낮춰 보는 동일한 관점은, 육체적 일은 영적이지 않고 그보다 열등하기에 결혼 안에서의 부부관계와 같은 좋은 것들 혹은 아예 결혼 자체를 절제하게 했다. 음행과 금욕 모두 몸에 대한 동일한 믿음에서 출발했다.

그래서 바울은 이 문제의 핵심으로 곧장 들어가기 위해 또 다른 해시태그를 동원한다.

> 몸은 음란을 위하여 있지 않고 오직 주를 위하여 있으며 주는 몸을 위하여 계시느니라(고전 6:13)

이 한 문장으로 그들이 서 있는 카펫을 훅 잡아당겼다.

몸은 주를 위하여 있다

우리 몸은 우리의 개인적인 놀이터가 아니다. 이런 의미에서 우리 몸은 우리 **자신을** 위한 것이 아니다. 주를 위한 것이다. 몸은 주를 향해야 하며 그분을 위해 사용되어야 한다. 이는 영적으로 무관하지 않다. 몸은 하나님을 섬기는 데서 그 목적이 발견된다. 하나님은 몸을 포함한 우리의 전 존재를 향한 계획을 가지고 계시다.

주는 몸을 위하여 계시다

하나님은 몸에 무관심하시지 않다. 그분은 영이시지만, 그것이 우리의 신체성에 관심이 없으시단 뜻은 아니다. 어쨌거나 우리 몸을 만드신 분은 하나님이다. 하나님은 우리 몸을 거스르시지 않고 위하신다. 창조 세계 안에서 그리고 몸을 입고 오실 그리스도 안에서 몸을 긍정하시고, 몸을 온전히 구속하실 미래의 계획 안에서 긍정하신다. 우리 몸은 타락할 수 있지만, 하나님이 몸을 만드신 것을 후회하시거나 그분의 입장을 바꾸셨다는 의미는 아니다. 하나님은 여전한 물질/신체 지지자(pro-matter)시다. 이에 대한 증거는 바울이 다음에 말한 것이다.

> 하나님이 주를 다시 살리셨고 또한 그의 권능으로 우리를 다시 살리시리라(고전 6:14)

예수님의 몸은 일시적으로만 필요한 것이 아니었다. 예수님의 성육신과 부활보다 더 사람의 몸은 긍정하는 방식을 생각하기 어렵다. 예수님은 온전히 몸을 입은 인간이 되셨을 뿐 아니라 그렇게 계속 남아 계신다. 예수님의 부활은 우리가 그분의 백성으로서 언젠가 경험할 우리의 부활을 가리킨다. 바울은 편지 뒷부분에서 이 둘의 연관성을 설명하는데, 우리도 이 책 뒷부분에서 살펴볼 것이다.

여기서 우리가 주목할 핵심은 만약 우리 몸이 언젠가 부활한다면 우리 몸에는 미래가 있다는 사실이다. 그리고 몸에 미래가 있다면 현재 몸은 무의미하지 않다. 바울은 고린도 성도가 자신들의 (비)도덕적 행위의 근거를 없애 버린 셈이다. 몸은 정말 중요하다. 우리를 향한 하나님의 영원한 계획에는 우리 몸도 포함된다. 우리는 육신의 삶을 영적으로 무관하다며 무시할 수 없다.

미래 우리 몸의 중요성은 현재 몸의 중요성을 반영한다. 이것이 바울이 다음으로 눈을 돌린 것이다. 그러면서 그는 세 번이나 "알지 못하느냐?"라고 독자들에게 말한다.

너희 몸이 그리스도의 지체인 줄을 알지 못하느냐(고전 6:15)

창녀와 합하는 자는 그와 한 몸인 줄을 알지 못하느냐(고전 6:16)

너희 몸은 너희가 하나님께로부터 받은 바 너희 가운데 계

신 성령의 전인 줄을 알지 못하느냐(고전 6:19)

각 구절에서 바울은 우리 몸이 완전히 독립적이지 않다는 것을 보여 주고 있다. 우리 몸은 주요 외부 현실과 연결되어 있고 결합되어 있다. 그리스도의 지체, 즉 그분의 몸의 일부며 성령의 전이다. 그리고 우리가 누군가와 잠자리를 할 때 우리 몸은 그 사람과 하나가 된다.

이런 진리는 고린도 성도들에게 생소한 것이 아니었다. 그들은 전에 배웠기에 이런 것을 알았어야 했다. 그들의 행위는 자신의 몸에 대한 핵심 진리를 거의 이해하지 못했음을 보여 줄 뿐이다. 그들의 문제는 무지가 아니었다.

새로운 것을 배우는 것이 아니라 옛것을 기억해야 할 때가 있다. 저명한 저자이자 사전 편찬자인 새뮤얼 존슨은 언젠가 말했듯, "사람들은 가르침을 받기보다 더욱 자주 상기할 필요가 있다." 문제는 우리가 모르는 것이 아니라 이미 아는 바를 기억하고 행하는 것이다.

몸에 대한 믿음에 관한 한 고린도 성도들이 그러했다. 그들이 받은 가르침에도 불구하고, 그들은 집단적으로 기독교 신앙에서 몸의 위치를 격하시키는 사고방식으로 미끄러져 들어갔다. 우리도 같은 일을 하는 경향이 있다고 상정해야 한다. 그래서 바울이 그들에게 다시 한번 몸에 대한 근본적이고 경이로운 진리를 말해 줄 때 우리도 세심히 주의를 기울여야 한다.

당신의 몸은 예수님에게 속했다

바울은 그들의 몸이 "그리스도의 지체(member)"임을 상기시킨다. 신자 개개인의 몸은 온전히 예수님께 속한다. 우리는 어떤 것의 구성원이 되는 것을 자발적인 합의로 생각하는 경향이 다소 있다. 나는 헬스클럽이나 중창단 또는 회사 로열티 프로그램의 회원(member)이다.[4] 일반적으로 회원 가입은 회원 혜택을 누리기 위해 거기 있겠다는 결정 이상의 의미는 없다. 그럴 가치가 없다고 판단하는 순간 탈퇴할 수 있는 완전한 자유가 있기 때문이다. 그래서 우리는 "그리스도의 지체"라는 말을 들으면 어떤 구속력도 없는 영적인 계획에 등록한 것이라는 잘못된 인상을 받을 수 있다.

이는 진리에서 멀어질 수 없다. 그리스도의 지체가 된다는 것은 우리가 떼려야 뗄 수 없이 그분에게 매인다는 의미다. 신자가 된다는 것은 예수님에게 한때 지지표를 던지는 것도, 먼 발치에서 흠모하는 것도, 지금 막연히 그분을 신뢰하는 것도 아니다. 신자가 되는 것은 우리가 예수님과 영적으로 연합되는 것이다. 우리 전부가 예수님의 전부에 연결된다. 그분에게서 우리에게로 흘러오는 모든 것은 이 연합을 통해 우리에게 온다. 그러나 그것은 또한 우리가 우리 몸을 어떻게 생각하고 사용하는지를 포함해 지금 우리가 누구인지, 어떻게 살아가는지를 정의한다. 그래서 바울은 이를 직접적이고 가감 없이 창부를 찾아다니던 고린도 성도들에게 적용한다.

> 너희 몸이 그리스도의 지체인 줄을 알지 못하느냐 내가 그리스도의 지체를 가지고 창녀의 지체를 만들겠느냐 결코 그럴 수 없느니라(고전 6:15)

우리 몸은 단지 이론적 의미로 그리스도와 연합된 것이 아니다. 바울은 우리 몸이 그리스도의 지체라고 말한다. 우리 몸의 각 부분은 이제 그리스도께 연결되었고, 원하면 언제든지 연결을 해제할 자유는 우리에게 없다. 우리 개개인의 우리 몸 각 부분은 이제 그리스도의 것이다. 우리는 어디를 가든지 그분과 함께하고, 무엇을 하든지 그분과 함께하는 것을 피할 수 없다. 원하는 것을 하려고 소유권을 다시 주장하거나 빌렸다가 나중에 돌려줄 자유는 우리에게 없다. 케빈 드영(Kevin DeYoung)은 이렇게 쓴다.

> 거칠게 말해서 만약 당신이 창부와 동거한다면 이는 그녀와 함께 그리스도를 끌고 침대로 가는 것과 같다. 그리스도를 믿으면 그분과 한 영이 된다(17절). 그러니 당신의 성기를 그것이 속하지 않은 곳에 둔다면 당신은 주 예수를 그분이 속하지 않은 곳에 두는 것이다.[5]

예수님을 매춘굴 밖에 둘 수 없다. 우리가 들어가려면 예수님은 우리와 함께 들어가신다. 바울에게 이는 생각조차 할 수 없는 것이었다. 모든 그리스도인에게도 그러해야 한다.

우리는 우리가 실제로 얼마나 중요한지 잊는 경향이 있다. 바울의 책망은 신랄하지만, 그 이면에는 헤아릴 수 없는 위엄이 있다. 우리가 그토록 쉽게 수치스러워하는 몸을 그리스도께서는 자신의 것으로 원하신다니! 너무나 놀랍다. 우리는 다른 사람들로부터 우리 신체적 자아를 숨기고 싶을지 몰라도 예수님은 우리 전체가 그분과 하나 되기를 원하신다. 우리 영혼만 원하시고 몸은 제쳐 두시지 않는다.

당신의 몸은 성령의 전이다

바울의 독자들이 기억해야 할 또 다른 핵심에 도달했다.

> 너희 몸은 너희가 하나님께로부터 받은 바 너희 가운데 계신 성령의 전인 줄을 알지 못하느냐 너희는 너희 자신의 것이 아니라(고전 6:19)

이는 우리가 이미 살펴본 진리의 또 다른 측면이다. 우리는 성령으로 말미암아 그리스도와 연합했다. 성령은 예수님이 우리 안에 거하시고 우리가 그분께 속하게 하는 수단이 되신다.

다시 말하지만 우리는 여기서 말하는 내용의 방대함에 쉽게 무감각해질 수 있다. 바울은 **성전**이라 언급했는데 이는 좀 더 종교적으로 들리도록 아무렇게나 사용한 단어가 아니다. 우리에게 (의미가 있다면) 성전이야 고대 폐허나 오늘날 여행하다 한 번쯤 보았을 신전 이미지 정도다. 만약 그렇다면 우리 대다수는, 다른 주요 종교의 배경에서 신앙으로 온 것이 아닌 이상 성전이라는 단어를 개인적으로 받아들이지 않는 것이다.

예루살렘에 있는 성전의 서쪽 벽은 헤롯 대왕이 지었고 그리스도 당시에도 있었을 건축물 중 현재까지 남은 부분이다. 그곳은 오늘날 유대인들에게 가장 거룩한 기도 장소 중 하나다. 그들은 그곳에 와서 성전과 성전이 의미하는 모든 것의 상실을 슬퍼하며 성전의 회복을 위해 기도한다(그래서 이 벽의 오랜 별칭은 "통곡의 벽"이다). 나는 몇 해 전 그곳을 방문하는 특권을 가졌고, 많은 사람이 눈에 보이는 슬픔으로 열성을 다하여 기도하는 것을 보았다. 그런 수준의 감정은 이해할 만한 것이었다. 다음 비유가 도움이 될지 모르겠다.

어린 시절 부모님과 함께 자동차 여행을 하던 기억이 난다. 우연히 아주 낡고 별 특징 없는 집을 지나가게 되었다. 부모님은 좀 더 잘 보기 위해 속도를 줄였다. 두 분은 뭔가 감상에 젖으신 것 같았다. 그 작은 아파트 2층이 바로 두 분이 살았던 첫 집이었다. 확실히 당시 살던 집보다 못했지만 그 집보다 그 집의 **의미**가 그들을 감상에 젖게 만들었다. 두 분이 같이 인생을 시작한 곳이었기 때문이다. 비록 여러 해를 산 것도 아니고, 살고 싶은 마음도 없었을 텐데도 큰 애정을 느끼지 않을 수 없었다. 그 장소의 질이 아니라(명백하다!) 추억이 그렇게 만들었다. 동생과 나는 당연히 눈을 굴리며 얼른 그곳을 떠나기만을 초조하게 기다렸다.

그러나 만약 배우자를 잃은 이들이 그곳을 운전해 지나갔다면 아마 아주 다른 반응을 보였을 것이다. 그렇다면, 행복했던 시간과 기억에 대한 향수가 새롭고 어쩌면 더 나은 것으로 오랫동안 대체되었을지 모르지만, 한때는 즐거웠으나 지금은 비극적이게도 누릴 수 없는 삶에 대한 참을 수 없는 슬픔을 느낄 것이다. 이것은 그 더운 예루살렘 오후에 쏟아졌을 감정을 아마도 조금은 더 가깝게 느끼게 한다. 우리가 모여들었던 성전 벽은 단지 놀라운 유적도 아니었고 신전 형태도 띠지 않았다. 어떤 면에서 그곳은 되찾고 싶은 절박함과 함께, 과거에 잃어버렸고 지금은 애도하는 존재를 나타냈다.

애통하며 기도는 열렬한 순례자들을 보며 여러 생각이 떠올랐다. 첫 번째는 내가 하나님과의 관계를 얼마나 당연하게 여기는가였다. 그들은 하나님을 향해 열정을 다하고 있었다. 나는 너무 자주 무심하다. 온종일 영적으로 별생각 없이 지낼 수 있다.

두 번째 생각은 그곳을 방문한 이후로 떨쳐 낼 수 없었다. 계속해서 신선한 부조리로 내게 다가온다. 순례자들은 성전을 잃은 것을 애도하고 있었다. 그들 사이에 서서 나는 바울이 고린도전서에서 한 말을 새삼 깨달았다. "너희 몸은 … 성령의 전인 줄을 알지 못하느냐" 나는 이 구절을 여러 번 듣고 읽었다. 각 단어가 무슨 의미인지 알았으므로 이 구절이 무슨 말인지도 알고 있었다. 그러나 한 번도 이 메시지가 가진 강력한 힘을 알아보지 못했다. 나 자신의 공로가 아니라 오직 예수님이 하신 일로 인해, 그 건축물이 언젠가는 될 수 있거나 될 것보다는 그들 가운데 서 있는 내가 오히려 성전이었다.

누군가에게는 공격적으로 들릴 이 말이 나를 강하게 때렸다. 그러나 계속 생각할수록 이는 사실이었다. 억측도 아니었고 교만도 아니었다. 그리스도께서 그렇게 하신 것이었다. **그리스도께서** 내게 **그분의** 영을 주셨다. 이 모든 것은 내게 달려 있지 않고 그분께 달려 있었다. 예수님은 우리를 자신이 거할 곳으로 택하신다.

그분은 정확히 이렇게 약속하셨다.

내가 아버지께 구하겠으니 그가 또 다른 보혜사를 너희에게 주사 영원토록 너희와 함께 있게 하리니 그는 진리의 영이라 세상은 능히 그를 받지 못하나니 이는 그를 보지도 못하고 알지도 못함이라 그러나 너희는 그를 아나니 그는 너희와 함께 거하심이요 또 너희 속에 계시겠음이라 내가 너희를 고아와 같이 버려두지 아니하고 너희에게로 오리라 … 그 날에는 내가 아버지 안에, 너희가 내 안에, 내가 너희 안에 있는 것을 너희가 알리라 … 사람이 나를 사랑하면 내 말을 지키리니 내 아버지께서 그를 사랑하실 것이

요 우리가 그에게 가서 거처를 그와 함께 하리라(요 14:16-18, 20, 23)

예수님은 자신에게 오는 모든 이에게 성령을 선물로 주겠다고 약속하셨다. 성령이 "또 다른 보혜사", 즉 다른 형태로 예수님이 그들에게 하셨던 일을 동일하게 하실 거라고 제자들을 안심시키신다. 어떤 면에서는 성령께서는 예수님의 빈자리를 대신하기 위해, 그분의 일을 이어받기 위해 오시는 것이다. 그분은 참으로 예수 같은(Jesus-y) 영이시다. 그분은 "그리스도의 영"(롬 8:9)이다.

그래서 성령은 전혀 다른 접근법, 스타일, 우선순위, 문제를 가진 보조 교사가 아니다. 성령은 그리스도의 영이다. 그리스도께서 떠나신다고 해서 그분을 따르는 우리가 예수님의 모든 것을 잃어버리지는 않을 것이다. 사실 아마도 이것이 예수님이 다음 말씀을 하신 이유일 것이다. "내가 너희를 고아와 같이 버려두지 아니하고 **너희에게로 오리라**"(요 14:18).

요점은 우리가 위로할 길이 없는 슬픔 속에 남겨져 우는 사람이 되지 않으리라는 것이다. 성령의 선물은 그리스도께서 친히 우리와 함께 계시는 수단이다. 육체로는 우리와 떨어져 계시더라도 말이다.

우리는 성령을 통해 예수님의 임재를 누린다. 예수님은 성령께서 어떻게 우리 삶에 임재하시는지 강조하신다. "그는 진리의 영이라 세상은 능히 그를 받지 못하나니 이는 그를 보지도 못하고 알지도 못함이라 그러나 너희는 그를 아나니 그는 너희와 함께 거하심이요 또 너희 속에 계시겠음이라"(요 14:17).

성령은 우리와 "함께" 계실 것이다. 우리는 단 한 순간도 그리스도인의 삶을 홀로 경험할 필요가 없다. 예수님은 또 다른 때에 말씀하셨다. "내가 세상 끝날까지 너희와 항상 함께 있으리라"(마 28:20). 이렇게 함께하신다. 그분의 영을 통해 우리와 함께하신다.

이 자체로도 놀랍다. 그러나 예수님은 이보다 더 나아가신다. 우리는 충실한 보안요원을 곁에 두는 것처럼 성령과 가까이 거하지 않는다. 우리는 그분을 **우리 안에** 모실 것이다. 이 성령으로 하나님이 친히 우리 안에 거하기 위해 오신다. "사람이 나를 사랑하면 내 말을 지키리니 내 아버지께서 그를 사랑하실 것이요 우리가 그에게 가서 거처를 그와 함께 하리라"(요 14:23). 아버지와 아들이 성령으로 말미암아 우리 안에 거하신다. 모든 그리스도인은 하나님이 거하시는 처소다. 그러나 여기에는 새로운 책임이 따른다.

너희 몸은 너희가 하나님께로부터 받은 바 너희 가운데 계신 성령의 전인 줄을 알지 못하느냐 너희는 너희 자신의 것이 아니라 값으로 산 것이 되었으니 그런즉 너희 몸으로 하나님께 영광을 돌리라 (고전 6:19-20)

이 장을 시작하면서 우리는 이 말의 의미를 생각해 보았다. 다른 맥락에서 우리가 우리 자신의 것이 아니고 누군가 값을 주고 우리를 샀다는 말을 들었다면 정말 절망적이었을 것이다. 그것은 자유, 존엄, 그리고 가치의 부재를 나타낼 것이다. 그러나 예수님께 이것이 적용되면 상황은 반전된다. 그분께 속하는 것이 참된 자유를 향한 유일한 길이다. 그 어떤 것도 이보다 더 존엄한 것일 수 없다. 그리고 어떤 것도 예수님이 우리를 위해 피를 흘리셨다는 사실보다 더 우리 가치를 보여 주지 않는다. 그분께 속하는 것은 우리가 바랄 수 있는 가장 고상하고 위대한 축복이다.

그러나 바울은 여기에 함축된 의미가 있다고 말한다. 우리 몸이 우리 자신의 것이 아니라는 것은 우리 몸이 오로지 우리 쾌락과 의지를 위해서 존재하는 것이 아니라는 의미다. 우리는 몸으로 우리 자신이 아닌 하나님께 영광을 돌린다. 그리고 사실 이는 좋은 소식이다. 우리 몸은 하나님께 영광을 **돌릴 수 있**

다. 많은 사람에게 이는 완전히 직관에 반대된다고 여겨진다. 이는 하나님이 단지 우리의 영적 부분(우리가 우리의 영혼, 또는 영이라고 상상하는)에만 관심이 있으신 것이 아니라 우리 존재 전체에 관심이 있으시다는 것을 기억하게 한다. 그러므로 우리는 몸을 통해서, 우리 정신이나 마음이나 다른 어떤 것 못지않게 하나님께 영광을 돌릴 수 있다. 우리 몸은 우주에서 가장 높은 목적을 위한 수단일 수 있다. 우리 몸은 하나님이 가장 열심히 운행하시는 프로젝트, 곧 하나님 스스로 영광 받으시는 일의 일부분일 수 있다. 우리 몸은 낮을지도 모르나(바울이 말했듯이, 빌 3:21) 더 높은 존엄을 지닐 수 없을 정도로 높다.

09

산 제물로 살기

몸과 제자도

 나는 최근에 이사했다. 새로운 집으로뿐 아니라 새로운 나라로. 모든 것이 새롭다. 내가 하는 모든 일에 새로운 틀이 생겼다. 내가 하는 일이 완전히 달라진 것이 아니라 일을 하는 방식이 완전히 달라진 것이다. 나는 모든 일을 **여기서** 하고 있다. 예전과 완전히 똑같은 일도 전혀 다르게 보이고 느껴진다.

 그리스도께로 오는 것은 우리를 바꾼다. 모든 것을 바꾼다. 그리스도께 오기 전에 했던 일들을 더 이상 하지 않는다는 의미가 아니다. 여전히 양치질을 하고 쓰레기를 버리고 다른 수많은 일을 한다. 어떤 일은 더 이상 하지 않을 수도 있고, 어떤 일은 새롭게 시작할 수도 있다. 그러나 삶을 둘러싼 모든 틀이 바뀌었다. 나의 영적 거처가 바뀐 것이다. 이제 나는 그리스도께 속한다. 내가 무엇을 하든 나는 **여기서** 한다. 그렇다면 어떤 모습이어야 할까? 내 몸으로 하나님께 영광을 돌린다는 것은 무슨 의미일까? 예수님의 소유가 되는 것은 어떤 기분일까? 걱정할 필요가 있을까?

없다. 우리는 이미 예수님이 잔인한 감독관이 아니라는 사실을 안다. 그분은 자신을 다음과 같은 놀라운 말로 설명하신다.

> 수고하고 무거운 짐 진 자들아 다 내게로 오라 내가 너희를 쉬게 하리라 나는 마음이 온유하고 겸손하니 나의 멍에를 메고 내게 배우라 그리하면 너희 마음이 쉼을 얻으리니 이는 내 멍에는 쉽고 내 짐은 가벼움이라(마 11:28-30)

예수님은 이 세상의 방식대로 살아가는 이 세상의 삶이 무겁고 우리를 곤비케 한다는 사실을 아신다. 삶은 우리를 소진시킨다. 예수님은 기존의 짐을 더하시거나 지기 힘든 새로운 짐을 주기 위해 오신 것이 아니다. 우리 짐을 대신 짊어지시기 위해, 우리에게 안식을 주시기 위해, 우리 삶을 원래 모습대로 수정하시기 위해 오셨다.

그리스도 안에서의 삶은 의무에서 자유로운 삶은 아니다. 우리는 그분의 멍에를 매고 그분께 배워야 한다. 그러나 차이는 예수님의 마음에 있다. 그분은 온유하고 겸손하시다. 영향력을 남용하거나 우리를 지배하지 않으신다. 종종 우리 문화 내의 유행은 매우 다른 종류의 마음에서 비롯된다. 할리우드나 매디슨가의 패션업체가 제시하는 몸의 이미지는 결국 대기업들의 수익을 위한 것이다. 그러나 예수님이 우리에게 요구하시는 모든 것은 우리에게 복을 주시려는 열망에서 나오는 것이지 우리에게서 갈취하는 것이 아니다.

예수님은 자신의 멍에가 '쉽다'고 표현하신다. 예수님을 따르는 것이 산들바람 같다는 의미가 아니다. 힘들 수 있다. 그러나 그분은 결코 우리를 비인간적인 방식으로 대하지 않으신다는 의미다. 바울은 이렇게 말한다.

> 그는 보이지 아니하는 하나님의 형상이시요 모든 피조물보다 먼저 나신 이시니(골 1:15)

예수님은 하나님이 누구신지를 완벽하게 표상하는 분이다. 그분은 또한 우리가 어떤 인간이어야 했는지를 완벽하게 실현하신 분이다. 우리는 하나님의 형상으로 창조되었으나 그 형상으로 살아가는 데는 실패한다. 우리는 인간 되기를 썩 잘하지 못한다. 그러나 그분은 우리가 결코 될 수 없었던 온전한 형상을 지닌 완벽한 인간으로 오셨다. 그것은 그분이 우리는 결코 이해하지 못할 방법으로 진정한 인간성을 이해하심을 의미한다. 그리고 예수님을 따르는 것이 비인간적일 수 없다는 것을 의미하기도 한다. 예수님은 결코 우리 인간성을 위축시키시거나 어떤 식으로든 우리를 깎아내리시지 않을 것이다. 그분의 방식은 항상 우리의 인간성을 진정으로 성취하는 길을 보여 줄 것이다.

그래서 우리는 우리 몸으로 그분을 믿을 수 있다. 우리 몸으로 하나님께 영광을 돌려야 한다는 이야기를 들었을 때, 또는 우리 몸을 하나님을 위한 산 제물로 드려야 한다는 이야기를 들었을 때, 불안해하지 않아도 된다. 그리스도께 헌신하는 것은 그분께 학대당할 위험에 우리 자신을 던져 넣는 것이 아니다. 그분의 기쁨을 위해 사는 것이 우리가 몸으로 살 수 있는 가장 건강하고 인간적인 길이다.

청지기로서 우리 몸을 대하기

바울이 남편들에게 한 말을 다시 한번 살펴보자.

남편들아 아내 사랑하기를 그리스도께서 교회를 사랑하시고 그 교회를 위하여 자신을 주심 같이 하라 이는 곧 물로 씻어 말씀으로 깨끗하게 하사 거룩하게 하시고 자기 앞에 영광스러운 교회로 세우사 티나 주름 잡힌 것이나 … 흠이 없게 하려 하심이라 이와 같이 남편들도 자기 아내 사랑하기를 자기 자신과 같이 할지니 자기 아내를 사랑하는 자는 자기를 사랑하는 것이라 누구든지 언제나 자기 육체를 미워하지 않고 오직 양육하여 보호하기를 그리스도께서 교회에게 함과 같이 하나니 우리는 그 몸의 지체임이라(엡 5:25-30)

바울은 남편들에게 어떻게 아내를 사랑해야 하는지 말하고, 그리스도께서 그분의 백성을 향해 보여 주셨던 사랑을 본받으라고 종용하고 있다. 교회는 (살펴보았듯이) 그리스도의 몸이다. 교회에 이루어진 것은 어떤 의미에서 그분에게 이루어진 것이다. 교회가 핍박당했을 때 (바울이 발견했듯이, 행 9:4) 그리스도께서는 자신이 핍박당했다고 말씀하실 수 있다. 바울은 이것이 결혼 안에서 남편과 아내 관계에도 해당한다고 말하는 것이다. 두 사람은 한 몸이 되었으니 배우자를 사랑하지 못하는 것은 곧 자기 자신을 사랑하지 못하는 것과 같다. 당신이 자신을 돌보듯, 남편 된 당신은 아내를 돌보아야 한다.

여기서 바울이 인간 몸에 대해 전제하는 바가 드러난다.

> 누구든지 언제나 자기 육체를 미워하지 않고 오직 양육하여 보호하기를

바울의 진술 중 전반부에 대한 우리 첫 반응은 아마도 못 믿겠다는 듯이 눈썹을 찌푸리는 것일 것이다. 사실 많은 사람이 자기 몸을 미워해 왔다. 이번 주만 해도 어떤 사람이 내게 편지를 써서 상당히 심각한 수술을 고민하고 있다고 말했다. 그것만이 자기 몸을 미워하는 것을 멈출 수 있는 유일한 길이라고 생각했기 때문이다. 우리 몸을 향한 증오는 슬프게도 드문 일이 아니다. 사실 우리가 이미 함께 살펴본 이유들을 볼 때 모든 징후는 몸에 대한 증오가 갈수록 증가하고 있다는 것이다.

바울의 이 진술을 예외 없는 사실이라기보다 일반적인 사실을 말한 것이라고 보는 것이 가장 좋을 것이다. 바울이 속했던 문화의 몸의 이미지에 대한 민감도는 우리와 매우 달랐을 것이다. 오늘날과 같은 불안을 찾아보기 힘들었을 것이 분명하다. 바울은 사람들이 자기 몸을 미워하는 경우도 있다는 것을 부정하는 것은 아니다. 단지 일반적인 인간 본성은 자기 몸을 해하

기보다 위한다고 말하는 것이다. 우리는 그렇게 만들어졌다.

따라서 자해는 언제나 비극적이다. 그것은 우리가 우리 몸과 관계 맺는 방식이 아니다. 바울의 말은 자해하는 사람들을 무례하거나 무관심하게 대해도 상관없다는 것이 아니다. 반대로 우리에게 자해는 결코 선한 것이 아니란 사실을 알려 준다. 우리는 결코 자해를 정당화해서는 안 된다. 이 일을 이겨 내기 위해 자신과 싸우고 있다면 그것은 **선한** 싸움이다.

자해는 다양한 양상을 띠며 다양한 원인을 지닌다. 한 친구는 오랜 시간 동안 극심한 우울증과 자기 혐오에 시달렸는데 감정적으로 너무 무감각해지자 무언가를 느끼기 위해 자신에게 상처를 내기 시작했다. 내가 아는 또 다른 사람은 자신이 제대로 하지 못한 일에 대해 스스로에게 "이 바보야!"라고 말하는 신체적 대응이라고 말했다. 이 친구에게 자해는 어쩔 줄 모르게 괴로운 심정을 육체적으로 표현한 것이다.

우리는 자해 뒤에 있는 합리성을 이해할 수 있어야 한다(가능한 한 최선을 다해). 그래야 그 문제에 정확하게 관여하고 변화를 모색할 수 있다. 우리는 우리 몸을 해치는 것이 아니라 소중하게 돌보아야 한다.

바울은 이 문제를 제쳐 두고, 우리 몸을 어떻게 가꾸고 소중하게 여겨야 하는지를 요약한다. 이것이 우리의 기본 설정이다. 우리 중 일부에게는 바울이 한 말이 얼마나 부자연스럽게 들릴지 감안한다면, 그의 말에 대해 생각해 볼 가치가 있다.

우리 몸 가꾸기

몸은 영양분을 필요로 한다. 이는 우리에게 새로운 소식은 아니다. 우리는 몸에 올바른 영양분을 제공해야 한다는 사실을 그 어느 때보다도 의식하고 있다. 사실 우리 몸을 위해 어떤 음식을 먹어야 하는지에 대해 지나치게 많은 정보가 있다. 음식 포장지에는 영양소 정보가 제공되지만 솔직히 말해 무슨 말인지 알지도 못하는 정보들이다. 칼로리가 너무 높으면 안 좋다는 것은 안다. 하지만 칼륨이든 단백질이든 매일 어느 정도가 필요한지는 우리 대부분 알지 못한다.

성경도 먹는 일에 못지않게 주의를 기울이는 것 같지만 그 이유는 매우 다르다. 신약에는 어떻게 먹고, 무엇을 먹고, 누구와 먹고, 언제 먹지 않고, 특별히 언제 다른 사람과는 함께 식사해서는 안 되는지에 대해 아주 놀라운 정도로 많은 가르침이 있다. 우리가 단지 육체적인 것에 불과하다고 생각하고 싶은 유혹을 받을 수도 있지만, 사실 깊은 의미가 있는 것이 많이 있다. "단지 육체적인 것"이라는 표현은 사실 어불성설임을 배울 필요가 있다.

음식은 관계를 위한 것이다

성경에서 음식이 중요한 이유는 다른 사람들과 함께 먹는 것은 그들과의 우정을 더 끈끈하게 해 주기 때문이다. 다른 사람과 함께 식사하는 것은 중요하다. 예수님은 죄인으로 여겨지는 사람들과 함께 시간을 보내셨던 것 때문이 아니라 그들과 함께 식사하셨다는 아주 구체적인 이유로 비판받으셨다(예를 들어, 막 2:13-16을 보라). 모두가 죄인인 줄 아는 사람과 식사하는 것은 그 자체로 수치스러운 일이었다. 함께 먹는다는 것은 신분을 확인하고 수용한다는 것을 암시했기 때문이다. 오늘날 우리의 식사는 다소 실용적이고 개인주의적으로 변했다. 우리는 종종 이동하면서, 사무실에서, 집에서 혼자 식사를 한다. 그래서 우리는 성경이 말하는 음식의 중요성을 놓치기 일쑤다. 예수님이 '죄인들과 함께 식사하신 것'은 패스트푸드점에서 우연히 같은 테이블에 함께 앉게 되었다는 것과는 다른 의미다. 예수님이 그들과 식사하신 것은 의도적인 것이었다. 예수님의 문화에서 음식은 주로 공동으로 먹는 것이었으며, 개인 접시에 먹지 않고 한 접시에 놓인 음식을 덜어 먹었다. 적어도 서구 문화에 있는 우리는 생각하기 어려운 방식의 교제와 공동체성이 있었다. 우리에게 음식은 다음 몇 시간을 움직이기 위해 연료를 섭취하는 것이다. 그 당시에 음식은 훨씬 더 관계적인 것이었다.

이것이 바로 어떤 사람과 함께 먹는 것이 적절하지 않은 경우가 있는 이유였다.

> 이제 내가 너희에게 쓴 것은 만일 어떤 형제라 일컫는 자가 음행하거나 탐욕을 부리거나 우상 숭배를 하거나 모욕하거나 술 취하거나 속여 **빼앗거든** 사귀지도 말고 그런 자와는 함께 먹지도 말라 함이라(고전 5:11)

예수님은 죄인들에게 오셔서 회개와 믿음 안으로 자신을 따라오라고 초대하셨기에 그들과 함께 식사하셨다. 바울은 그렇게 한다고 주장하면서도 죄에서 돌이키기는 거부하는 사람들에게 말하고 있는 것이다. 죄와 싸우고 있는 그리스도인들(우리 대부분과 같이)이 아니라 그리스도인이라 주장하면서 죄짓기를 **지속하는** 이들에게 말하고 있다.

이 금지 조항이 교회 안에서 하는 식사에 국한되는지 그리스도인 개개인에게도 적용되는지에 대해서는 논쟁이 있다. 양쪽의 주장이 모두 있다.[1] 우리에게 중요한 것은 사람들과 함께 식사하는 것이 그들과 함께하는 당신의 입장에 대해 무언가를 말해 준다는 사실을 어떻게 설명하느냐. 음식은 단지 생물학적인 것이 아니라 관계적인 것이다.

음식은 즐거움을 위한 것이다

음식은 또한 즐거움을 위한 것이다. 그래서 바울은 이런 사람들에 대해 경고했다.

> 혼인을 금하고 어떤 음식물은 먹지 말라고 할 터이나 음식물은 하나님이 지으신 바니 믿는 자들과 진리를 아는 자들이 감사함으로 받을 것이니라. 하나님께서 지으신 모든 것이 선하매 감사함으로 받으면 버릴 것이 없나니(딤전 4:3-4)

음식은 하나님이 우리에게 선물로 주신 창조물 중 하나다. 바울은 이것이 "감사함으로 받을" 만한 것이라 말한다. 하나님의 공급뿐 아니라 그분의 친절을 표현한 것이기도 하다. 음식은 영양소뿐 아니라 풍미가 있다. 단지 섭취되고 끝나지 않고 **즐기라고** 주어졌기 때문이다.

그렇다고 다른 방향으로 가면 문제가 안 되는 것은 아니다. 음식의 좋은 점을 거부하는 것도 문제지만 탐욕스럽게 먹는 것도 마찬가지다. 선한 것은 무엇이든 그것이 있어야 할 자리가 아니라 맨 앞이나 중심에 두었을 때 우상이 될 수 있고, 음식의 즐거움을 하나님만이 주실 수 있는 위로와 구속의 원천으로 삼을 때 어렵지 않게 음식을 우상으로 만들 수 있다. 케빈 드영은 (C. S. 루이스를 따라) 이런 탐식의 문제는 "지나치게 많은 음식이 아니라 지나치게 음식에 집중하기 때문"이라고 지적한다.[2] 따라서 지나치게 까다로운 것은 지나치게 게걸스러운 것과 마찬가지로 문제가 된다. 어떤 음식을 가려 먹는 것이 삶을 더 잘 사는 길이라고 생각하기 쉽다. 즐거움과 절제는 상호배타적이지 않다.

무엇을 먹고 어떻게 먹을 것인지를 신중히 생각하는 것은 영적이지 않은 일이 아니다. 우리 몸은 영양분을 공급받아야 하며 음식은 이를 위해 주어졌다. 그러면서도 음식은 즐겁고 관계적인 것이다.

몸을 소중히 여기기

남편들에게 아내 사랑하기를 자기 몸 사랑하듯이 하라는 말씀에 관해 이야기하면서 바울은 우리 몸을 소중히 여겨야 한다고 말한다. 음식을 먹는 것은 우리가 몸을 돌보는 중요한 방법 중 중요한 부분이지만 유일한 부분은 아니다. 우리의 신체적 건강도 챙겨야 한다. 성경의 다른 곳에 나오는 말씀이다.

> 육체의 연단은 약간의 유익이 있으나 경건은 범사에 유익하니 금생과 내생에 약속이 있느니라(딤전 4:8)

여기서 바울의 초점은 물론 경건의 중요함에 있다. 그러나 경건이 더 유익하다는 사실이 육체의 연단에 여전히 **어느 정도**의 가치가 있다는 사실을 바꾸지는 않는다. 바울은 후자 **대신** 전자를 옹호한 것이 아니라 전자에 후자를 **더하라**고 한 것이다. 경건은 물론 최상의 가치가 있다. 그렇다고 육체의 연습이 아무런 가치가 **없는** 것은 아니다. 물론 만약 우리가 육체의 연습을 궁극적인 것으로 여기면 그것이 우상이 되며 주님 안에서 올바른 방법으로 우리 몸을 가꾸는 것이 아니다. 그럼에도 경건을 중시하는 것이 신체적 건강에 무관심한 것을 의미해서는 안 된다. 건강한 생활 습관은 하나님이 우리에게 주신 몸을 올바르게 보살피는 방법이다.

이런 것들을 소홀히 하는 경향이 있을 수 있다.

잠

잠을 비영적인 것으로 생각해 무시하기 쉽다. 그러나 성경은 잠에 대해 말하고, 잘 쉬는 것은 중요하다고 권면한다. 잠은 하나님이 주신 선물이다.

> 너희가 일찍이 일어나고
> 늦게 누우며
> 수고의 떡을 먹음이 헛되도다
> 그러므로 여호와께서 그의 사랑하시는 자에게는 잠을 주시는도다(시 127:2)

이른 아침과 늦은 밤에 최대한 많은 생산성을 짜내려고 노력한다고 해서 우리의 생산성이 궁극적으로 향상되지는 않는다. 우리에게는 잠이 필요하다. 건강이 허락하는 이상으로 우리를 밀어붙이는 것은 (시편 말씀에 따르면) '헛될' 뿐이다. 우리는 더 많은 것을 이루지 못한다. 이는 "수고"이지만 하나님이 아닌 우리 자신의 노력을 믿는 '불안한 수고'다. 쉼을 간과하는 것은 종종 일을 멈출 만큼 하나님을 신뢰하지 못한다는 표시가 된다. 빅토르 위고는 이렇게 썼다. "평안히 잠들어라. 하나님은 깨어 계신다."[3) 다윗도 이렇게 말했다.

내가 평안히 눕고 자기도 하리니
나를 안전히 살게 하시는 이는 오직 여호와이시니이다
(시 4:8)

그러면서도 성경은 너무 많이 자는 것을 경고한다. 너무 적게 자는 것이 우리가 하나님을 신뢰하지 않는다는 표시라면 지나치게 자는 것은 게으르다는 표시다.

내가 게으른 자의 밭과
지혜 없는 자의 포도원을 지나며 본즉
가시덤불이 그 전부에 퍼졌으며
그 지면이 거친 풀로 덮였고
돌담이 무너져 있기로
내가 보고 생각이 깊었고
내가 보고 훈계를 받았노라
네가 좀더 자자, 좀더 졸자,
손을 모으고 좀더 누워 있자 하니
네 빈궁이 강도 같이 오며
네 곤핍이 군사 같이 이르리라(잠 24:30-34)

게으른 자의 집이 황폐해진 것은 일어나 일해야 할 때 자고 있었기 때문이다. 그의 땅(잠언 본문의 "포도원"이나 "지면")은 소득의 수단인데, 그것을 돌보지 않으면 그가 알아차리는 것보다 더 빨리 그를 가난하게 만들 것이다.

그러나 이는 단지 우리 일의 생산력에 관한 이야기는 아니다. 잘 쉬는 것은 우리 영적 건강에도 아주 중요하다. 너무 적게 자는 것은 우리 감각과 인식력이 무뎌지게 한다. 영적으로 깨어 있기 힘들면 유혹을 이기기 힘들고 하나님이 말씀을 통해서 하시는 말씀에 주의를 기울이기 힘들어진다. 기도할 때 우리 생각은 평소보다 표류하게 된다. 교회에서 집중하기 어려워진다. 수면은 영적으로도 중요한 문제다. 만약 이것이 하나님이 "그의 사랑하시는 자"에게 주시는 것이라면 우리는 그 선물을 감사함으로 받아 지혜롭게 관리해야 한다.

로버트 머리 맥체인(Robert Murray M'Cheyne)은 19세기 초 스코틀랜드의 중요한 설교자였다. 그러나 그의 열매는 과중한 업무와 피로와 밀접한 관련이 있었다. 그는 30세 생일이 되기 전에 죽었다. 그는 죽으면서 이렇게 말했다고 전해진다. "주님께서 나에게 탈 수 있는 말과 전해야 할 메시지를 주셨습니다. 아아, 나는 말을 죽여 버렸고 메시지를 전할 수 없게 되었습니다." 그가 자기 몸을 더 잘 보살폈다면 그리스도의 메시지를 전할 수 있는 더 많은 날을 얻을 수 있었을 것이다.

우리 몸을 잘 관리하는 것은 중요하다. 몸은 그리스도께 속했기 때문이다. 우리 건강, 식단, 휴식, 운동을 생각하는 것은 비영적이지 않다.

우리 몸을 훈련하기

바울은 고린도 교회에 쓴 편지를 통해 자신이 하는 모든 일을 이끄는 것은 복음이라고 설명해 왔다. 필요할 때는 문화적으로 유연했고 자신을 유대인이든 이방인에게 맞출 수 있었다. 그는 기독교 사역을 위해 받을 수 있었던 자신의 당연한 권리를 완전히 포기했다. 바울은 단 한 가지 이유로 자신의 권리를 포기하고자 했다. 복음이 전파되기를 원했던 것이다.

> 다른 이들도 너희에게 이런 권리를 가졌거든 하물며 우리일까보냐 그러나 우리가 이 권리를 쓰지 아니하고 범사에 참는 것은 그리스도의 복음에 아무 장애가 없게 하려 함이로다(고전 9:12)

바울의 의지는 존경스럽다. 그러나 그는 저절로 이렇게 된 것이 아니란 것을 애써 지적한다. 바울의 복음을 향한 불굴의 의지는 중요한 헌신이 없이 그냥 생긴 것이 아니었다.

운동장에서 달음질하는 자들이 다 달릴지라도 오직 상을 받는 사람은 한 사람인 줄을 너희가 알지 못하느냐 너희도 상을 받도록 이와 같이 달음질하라 이기기를 다투는 자마다 모든 일에 절제하나니 그들은 썩을 승리자의 관을 얻고자 하되 우리는 썩지 아니할 것을 얻고자 하노라 그러므로 나는 달음질하기를 향방 없는 것 같이 아니하고 싸우기를 허공을 치는 것 같이 아니하며 내가 내 몸을 쳐 복종하게 함은 내가 남에게 전파한 후에 자신이 도리어 버림을 당할까 두려워함이로다(고전 9:24-27)

바울은 그의 독자들이 잘 알리라 기대하는 것으로 호소한다. 오늘날 우리에게 가장 큰 스포츠 이벤트는 올림픽일 것이다. 올림픽보다 더 많은 나라와 선수가 참가하는 이벤트는 없다. 바울의 독자들에게 가장 큰 스포츠 이벤트는 고린도에서 2년마다 열렸던 엄청나게 많은 관광객을 끌어들인 이스미안 게임(Isthmian games)이었다.

바울은 여기서 두 가지 경기, 달리기와 권투로 우리 주의를 집중시킨다. 달리기는 단 한 사람의 승자만 있다는 사실을 지적한다. 모든 사람이 경주하지만 단 한 사람만 이긴다. 따라서 유일하게 이길 수 있는 방법은 결단하는 것이다. 이것은 가끔 달리는 것보다 훨씬 더 많은 것을 요구한다. 바울이 말하기를 운동선수들은 "모든 일에 절제"해야 한다. 이 경주를 우선순위로 두고 인생의 다른 모든 일이 구성되어야 한다. 바울의 시대에도 선수가 더 효과적으로 경쟁력을 갖추도록 하는 신체 훈련, 식단 조절, 일상생활의 선택이 존재했다. 결국 시들어 없어질 월계수잎으로 만든 "썩을 승리자의 관"을 얻는 데 의도와 결단력이 필요했다.[4] 당시에는 금메달도 없었다. 그럼에도 그 상에는 그것을 얻기 위해 필요한 대가를 기꺼이 치를 만큼 충분한 명예와 가치가 있었다.

이와 동일한 수준의 의도와 결단력이 그리스도인의 특징이기도 하다. 하지만 중요한 차이가 있다. 우리가 받을 상은 영원하며 썩지 않는다는 것이다. 승리한 고린도인들에게 주어진 관은 결국 썩을 것이었다. 영원히 지속되지 않는다. 그러나 그리스도인의 상은 영원히 지속될 것이다. 바울은 이 상이 무엇인지 구체적으로 말하지는 않지만 그가 말하는 것에 대한 중요한 단서는 있다. 그는 이런 말로 자신의 사역을 요약한다.

약한 자들에게 내가 약한 자와 같이 된 것은 약한 자들을 얻고자 함이요 내가 여러 사람에게 여러 모습이 된 것은 아무쪼록 몇 사람이라도 구원하고자 함이니 내가 복음을 위하여 모든 것을 행함은 복음에 참여하고자 함이라(고전 9:22-23)

또 다른 곳에서는 이렇게 말한다.

내가 이미 얻었다 함도 아니요 온전히 이루었다 함도 아니라 오직 내가 그리스도 예수께 잡힌 바 된 그것을 잡으려고 달려가노라 … 푯대를 향하여 그리스도 예수 안에서 하나님이 위에서 부르신 부름의 상을 위하여 달려가노라(빌 3:12, 14)

바울은 자기 힘으로 그리스도를 얻고자 노력한 것이 아니라 그리스도를 가짐으로 그분 안에 있는 모든 풍성함을 얻기 위해 노력했다. 이는 또 다른 핵심적 차이를 드러낸다. 운동 경기에는 오직 한 명의 우승자만 있지만 바울이 여기서 말하는 상은 영원할 뿐 아니라 자기 에너지를 집중해 그 상을 얻고자 하는 모든 신자가 얻을 수 있는 것이다. 우리 각자는 충분히 절제함으로 그리스도로부터 상을 받을 수 있다.

여기서 몸이 중요해진다. 이 상을 얻는다는 것은 "달음질하기를 향방 없는 것 같이" 하지 않는다는 뜻이다. 여가 시간에 조깅하다가 올림픽 금메달을 딸 수 없는 것처럼 이 상도 우연히 얻는 것이 아니다. 오직 헌신할 때만 얻어지는 것이다. 향방 없는 달음질의 반대는 다음과 같다.

> 내가 내 몸을 쳐 복종하게 함은 내가 남에게 전파한 후에
> 자신이 도리어 버림을 당할까 두려워함이로다(고전 9:27)

성공한 운동선수들은 몸을 단련한다. 그들은 엄격한 훈련 프로그램을 따른다. 승리를 얻는 데 도움이 되느냐 방해가 되느냐로 모든 것의 경중이 결정된다. 바울도 마찬가지였다. 그는 자기 몸과 치열한 싸움을 벌이지 않고서는 이 상을 얻을 수 없었다. 바울은 몸이 원래 악하고 벌을 받아 마땅하다고 말하는 것이 아니다. 그가 말하는 것은 만약 우리가 전진하여 승리하고자 한다면 많은 충동을 이겨 내야 한다는 것이다. 바울은 자신의 경험을 통해 이 사실을 잘 알고 있었다. 복음을 전파하기 위한 바울의 헌신은 심각한 육체적 대가를 요구했다.

유대인들에게 사십에서 하나 감한 매를 다섯 번 맞았으며 세 번 태장으로 맞고 한 번 돌로 맞고 세 번 파선하고 일주야를 깊은 바다에서 지냈으며(고후 11:24-25)

그가 새로운 사역 기회를 두고 고민할 때면 뒤로 물러서고 싶다는 유혹이 상당했을 것이 틀림없다. 대적하는 이들이 있을 것을 알았다. 그는 더 심한 신체적 고통이 있을 것도 알았다. 그의 많은 부분이 "그동안 충분히 해 왔잖아. 이것보다 심한 것을 이겨 낼 수 없어"라고 생각했을 것이다. 몸은 그를 뒤로 잡아당기고 있었다. 그래서 바울은 복음에 대한 완전환 헌신에서 물러나려는 육체적 충동에 맞서 싸워야 했다.

이는 여러 가지 의미에서 우리에게도 동일하다. 우리 대부분은 이런 수준의 신체적 고통을 겪지 않는다. 그러나 우리 몸도 원하는 것과 욕망하는 것이 있다. 만약 우리가 그리스도와 함께 전진하기 원한다면 지속적으로 저항해야 하는 몸의 욕구와 욕망이 있다. 의심도 저항도 없이 우리 몸의 본능을 따라 행한다면 우리는 상에서 멀어질 것이다.

여기서 바울이 마지막으로 한 말은 정신이 번쩍 들게 하는 경고다.

> 내가 내 몸을 쳐 복종하게 함은 내가 남에게 전파한 후에
> 자신이 도리어 버림을 당할까 두려워함이로다(고전 9:27)

바울은 계속해서 운동선수 비유를 들고 있다. 올림픽 같은 중요한 경기에서 실격되는 선수들이 있다. 약물 검사에서 통과되지 못하거나 어떤 식으로든 승부 조작을 공모한 이들이다. 그들은 돌아가야 한다. 불명예를 안고 경기장을 떠나야 한다. 그리스도인의 상이 운동선수의 상보다 훨씬 더 값진 것처럼 이 경주에서 실격 처리 되는 것 역시 훨씬 더 끔찍하다. 바울은 독자들에게 이 사실을 경고하는 것이다. "그런즉 선 줄로 생각하는 자는 넘어질까 조심하라"(고전 10:12). 우리 모두 이 경고를 들어야 한다. 성경은, 그리고 이어지는 교회 역사는 영적으로 생기가 넘치는 것 같았으나 끝에는 실격되는 사람들에 대한 경종을 울리는 이야기로 가득하다.

모든 것의 핵심은 몸이다. 몸은 규율이 필요하며 통제받아야 한다. 만약 우리가 몸의 욕구, 욕망, 식욕대로 가고자 한다면 계속해서 그리스도 안에 있을 수 없을 것이다. 몸을 통제하는 것은 우리 모두에게 요구되는 절제의 한 영역이다. 그러니 어떻게 해야 할까? 이미 몸은 "주를 위하여 있으며 주는 몸을 위하여 계"신다는 사실을 보았다(고전 6:13). 우리 몸을 사용하는

최선의 방법은 그리스도를 위해 사용하는 것이다. 몸은 온전히 그분을 섬기도록 우리에게 주어졌다.

우리 몸을 제사로 드리기

바울은 로마에 있는 그리스도인들에게 편지를 쓰면서 11장을 할애하여 예수님이 우리를 위해 행하신 모든 일에서 드러난 입이 떡 벌어질 정도로 놀라운 하나님의 은혜를 설명했다. 12장을 시작하면서 그는 우리가 어떻게 반응해야 하는지 설명한다. 그리스도인의 삶은 하나님이 우리에게 행하신 일에 대한 응답이다(하나님이 행하실 일을 얻으려는 시도가 아니라). 이는 또한 예수님이 행하신 일이 우리 삶에 급진적인 영향을 미친다는 사실을 보여 준다. 예수님은 우리 모습대로 오셔서 우리가 전혀 받을 자격이 없는 사랑을 후하고 넘치도록 주신다. 그러나 우리를 있는 모습 그대로 내버려 두지는 않으신다. 이제 우리는 그의 백성이고 우리를 향한 그분의 선하심이라는 양지바른 언덕에서 산다. 바울은 이후에 오는 그리스도인 삶의 모든 것을 다음과 같이 요약한다.

그러므로 형제들아 내가 하나님의 모든 자비하심으로 너희를 권하노니 너희 몸을 하나님이 기뻐하시는 거룩한 산 제물로 드리라 이는 너희가 드릴 영적 예배니라(롬 12:1)

바울은 우리에게 우리 몸을 하나님에게 드릴 것을, 하나님께 제사로 바칠 것을 가르치고 있다. 이것이 하나님이 행하신 일에 대한 반응이라는 사실을 아주 명확히 한다. 우리는 하나님이 우리를 **사랑하시도록** 우리 몸을 바치는 것이 아니라 하나님이 **이미** 그리스도 안에서 먼저 우리를 사랑하셨기 때문에 우리 몸을 제사로 드린다. 이것이 하나님의 모든 자비하심에 응답하는 방법이다.

달리 말하면 우리가 드리는 제사는 몸 이상의 것이다. 바울이 "너희 몸을"이라고 말했을 때 그는 인생 전체를 의미한 것이다. 이어지는 몇 장 동안 그가 이 의미에 대해 더 풀어낼 때 그가 단지 육체적 행위보다 훨씬 더 통합적인 무언가를 설명하고 있다는 것이 분명해진다. **몸**은 삶 전체를 요약하거나 가리키는 표현으로 사용될 수 있다는 것은 바울이 인간을 이해할 때 몸을 얼마나 핵심적 위치에 두는지 보여 준다. **몸**이라는 표현이 단지 우리 신체에 국한되지 않기는 하지만 명백하게 신체를 포함한다. 존 스토트(John Stott)는 다음과 같이 쓴다. "어떤 예배도 온전히 내적이고 추상적이며 신비주의적 방식으로 하나님을 기뻐할 수 없다. 예배는 반드시 우리 몸을 사용한 구체적 섬김의 형태로 표현되어야 한다."[5] 성도로서 우리는 우리 몸을 하나님께 드려야 한다. 이것이 바울이 우리 몸이 하나님께 속해 있다는 바울의 말에 알맞은 방식이다.

바울에 따르면 우리 자신을 주님께 드리는 것이 "영적 예배"다. **영적**이라는 표현은 합리적이라는 의미를 내포하고 있다. 우리 자신을 드리는 것은 하나님의 은혜에 반응하는 독단적인 방법이 아니다. 이는 그분이 우리에게 행하신 모든 일에 비추어 볼 때 우리가 할 수 있는 유일하게 합리적이고 건전한 일이다. 이보다 더 적은 것은 말이 안 된다. 하나님이 행하신 일을 생각하면 우리는 우리 전부를 드리기를 간절히 원하고 그렇게 하기를 약속한다.

우리가 우리 몸을 드릴 때 헌신 없이 냉정하게 의무로만 드리지 않는 것처럼 하나님도 무감각하게 우리 예배를 받으시지 않는다. 바울은 우리 자신을 하나님께 드리는 것은 "하나님이 기뻐하시는 거룩한 산 제사"라고 말한다. 즉, 하나님께 기쁨이 된다는 얘기다. 이는 매우 중요하다. 당신의 몸의 불완전함이 얼마나 당신을 괴롭히는지 모르겠지만 어느 정도는 신경이 쓰일 것이다. 우리 중 완벽한 몸을 가진 사람은 없으니 말이다.

이런 불완전함이 어떤 이들에게는 자신에게 주어진 것일 뿐 지나치게 문제 되지는 않을 것이다. 그러나 많은 사람에게 이런 몸의 결함은 자신을 집어삼키며 삶을 지배하는 어려움이 될 수 있다.

1990년대 영국에서 크게 흥행한 영화로 "풀 몬티"(The Full Monty)라는 코미디가 있었다. 북부 잉글랜드에 살던 실직자들이 남자 스트리퍼가 되기로 결정한 후 생기는 이야기를 다룬다. 그중 한 명인 데이브는 과체중이다. 그는 의심스러워하며 아내에게 말한다. "나 좀 봐. 대체 누가 **이런 걸** 원하겠어?" 아마 많은 사람이 공감할 수 있는 감정일 것이다. 우리는 다른 사람이 우리를 보았을 때 기뻐하지 않을 것이라 생각하기 때문에 우리 몸을 의식한다. 그러나 하나님께 드리는 몸은 하나님께 기쁨이 되는 몸이다. 당신이 육체적으로 아도니스[6]일 필요는 없다. 사실 그런 사람은 없다시피 하다. 그러나 당신은 하나님께 기쁨이 되는 몸을 가질 수 있다. 몸을 구분해 하나님께 감사의 제사를 드린다면 말이다. 하나님은 결코 그분께 드린 우리와 우리 몸을 거절하지 않으실 것이다.

그렇다면 우리 몸을 하나님께 드린다는 건 어떤 의미일까? 바울은 이 역시 이미 말해 주었다.

그러므로 너희는 죄가 너희 죽을 몸을 지배하지 못하게 하여 몸의 사욕에 순종하지 말고 또한 너희 지체를 불의의 무기로 죄에게 내주지 말고 오직 너희 자신을 죽은 자 가운데서 다시 살아난 자 같이 하나님께 드리며 너희 지체를 의의 무기로 하나님께 드리라(롬 6:12-13)

바울은 여기서 먼저 소극적인 이야기를 한 후에 적극적인 내용을 다룬다. 죄가 우리 몸을 지배해서는 안 된다. 우리가 그리스도의 소유가 되기 전 이미 그런 적이 있다. 그러나 지금은 **그리스도**께서 우리를 다스리신다. 이 소유권 이전은 우리 몸의 각 부분이 이전되는 것을 의미한다. "지체"들은 불의한 목적으로 사용되도록 죄에 드려져서는 안 된다. 그럴 수 없다. 그들은 **하나님**의 목적에 알맞도록 드려져야 한다.

바울은 우리에게 왜 그리고 어떻게 이런 충성하는 대상이 변동될 수 있는지 보여 준다. "오직 너희 자신을 죽은 자 가운데서 다시 살아난 자 같이 하나님께 드리며." 우리는 새롭게 되었다. 지금까지 살아왔던 동일한 몸으로 계속해서 (일단은) 살고 있다. 우리가 그리스도인이 되었다고 즉시 달라 보이지는 않는다. 그러나 우리는 변했다. 하나님은 성령으로 말미암아 우리에게 새 생명을 주셨다. 우리는 새로운 자아가 생겼다(엡 4:24).

이는 마치 우리가 옛 창조 하드웨어에 새-창조 소프트웨어를 실행하는 것과 같다. 그래서 우리는 우리 몸의 지체를 하나님께 드린다.

우리는 여전히 우리 몸의 구속을 기다리고 있다. 때가 되면 온전히 새로워질 것이다(다음 장에서 살펴볼 것이다). 그렇다고 해서 그때까지 영적으로 완전히 허탕 치는 시기라는 뜻은 아니다. 지금 이 순간에도, 오늘도 우리 몸의 지체는 "의의 무기"가 될 수 있다.

이를 문자 그대로 생각해 볼 가치가 있다. 어떻게 우리 몸의 각 지체가 하나님께 드려질 수 있을까? 존 스토트는 이렇게 말한다.

> 우리 발은 그분의 길을 걷고, 우리 입술은 진리를 말하며 복음을 전하며, 우리 혀는 치유를 부르고, 우리 손은 넘어진 자들을 들어 올리며, 요리, 청소, 타이핑, 수리 같은 많은 일상의 일을 수행할 것이다. 우리 팔은 외롭고 사랑받지 못한 사람을 안아 주며, 우리 귀는 절망 가운데 있는 자의 울부짖음을 들어 주고, 우리 눈은 겸손하게 그리고 오래 참음으로 하나님을 바라볼 것이다.[7]

우리가 진지하게 이 문제를 고려한다면 가능성은 거의 무한에 가깝다. 우리 몸이 어떻게 하나님을 섬기는 데 사용될 수 있을지 고민하는 것은 참으로 유익하다.

이것은 심각한 신체적 제약을 경험하고 있는 이들에게도 참이다. 어쩌면 우리는 다른 사람들만큼 쉽게 돌아다닐 수 없을지도 모르고 심지어 완전히 집에서만 지내야 할지도 모른다. 우리가 하나님께 별 소용이 없을 것이라 생각하고 싶어질지도 모른다. 그러나 바울은 그와 비견될 수 있는 상황 속에서 삶의 상당 부분을 보냈음을 기억할 필요가 있다. 로마인들에 의해 투옥되었던 것이다. 우리는 감옥 생활이 어떠했는지, 가택연금이었는지 옥살이였는지 그 구체적 정황을 항상 알지는 못한다. 그러나 바울은 자신의 사슬에 대해 자주 말한다. 확실한 것은 원하는 대로 자유롭게 돌아다닐 수는 없었다는 점이다. 그런 상황에서도 그는 하나님을 깊이 예배할 수 있었다. 그는 많은 신약 서신을 감옥에서 썼다. 우리는 바울이 신실하고 철저하게 그가 아는(혹은 알 뿐인) 세계 곳곳의 그리스도인들을 위해 기도했다는 사실을 알고 있다. 그리고 그가 주변 사람들에게 복음을 전했던 것도 알고 있다. 간수도 바울을 통해 예수님을 알게 되었다(빌 1:13을 보라). 바울의 몸은 제약을 받았지만 그의 마음의 눈은 세계를 돌아다니며 여러 교회와 그들의 필요를 생각했으며, 어떻게 그들을 격려하고 기도할 수 있을지 고민했다. 그리고 바울은 복음의 메시지 자체는 묶여 있지 않다는 사실을 알았다. 심지어 바울이 움직일 수 없을 때조차 복음은 바울을 통해 로마 제국 전체를 돌아다녔다(딤후 2:8-9를 보라). **어떤 몸이라도** 하나님께 드려질 수 있다. 잘 싸우고 있을 때나 침대에 묶여 있을 때나 상관없다.

물론 이 중 어떤 것도 우리를 놀라게 하지 않을 것이다. 바울은 이미 로마의 그리스도인들에게 그들이 몸의 지체가 사용된 방식으로 그들의 죄가 증명되었음을 보인 바 있다. 그는 인간이 처한 곤경을 다음과 같이 요약한다.

> 기록된 바 의인은 없나니 하나도 없으며
> 깨닫는 자도 없고
> 하나님을 찾는 자도 없고
> 다 치우쳐 함께 무익하게 되고
> 선을 행하는 자는 없나니
> 하나도 없도다(롬 3:10-12)

그리스도를 제외한 모든 인간이 여기에 해당된다. 이것이 암울한 평가다. 그러나 바울은 계속해서 증거를 제시한다. 그는 몸의 각 지체가 어떻게 특징지어지는지를 묘사한다.

> 그들의 목구멍은 열린 무덤이요
> 그 혀로는 속임을 일삼으며
> 그 입술에는 독사의 독이 있고
> 그 입에는 저주와 악독이 가득하고
> 그 발은 피 흘리는 데 빠른지라
> 파멸과 고생이 그 길에 있어
> 평강의 길을 알지 못하였고
> 그들의 눈 앞에 하나님을 두려워함이 없느니라(롬 3:13-18)

목구멍, 혀, 입술, 입, 발, 눈, 이 모든 것이 우리가 (우리가 활용할 수 있음에도) 하나님을 알거나 이해하지 못하는 현실을 반영하고 있다. 이것이 "죄가 너희 죽을 몸을 지배"하고 "지체를 불의의 무기로 죄"에게 내주었을 때의 모습이다(롬 6:12-13). 따라서 이제 하나님의 목적에 알맞게 사용되도록 동일한 몸을 그분께 드리는 것은 그리스도께 바치는 새로운 충성에 놀랍게 알맞은 것이다.

이 사실을 알아야 한다. 제자도의 너무 많은 영역이 우리는 기독교 신앙을 몸과 분리시킨다. 우리 신앙과 별 상관이 없다고 생각하는 몸의 영역이 존재한다. 그리고 우리 몸과 전혀 상관이 없다고 생각하는 기독교적 삶의 영역이 존재한다.

진실은 신약이 제자도를 신체적 표현으로, 그리고 우리를 놀라게 하는 방식으로 이야기한다는 것이다. 예컨대 먹는 것이나 옷 입는 것처럼 우리가 생각지도 못했을 삶의 여러 영역에서 신약은 여러 이야기를 해 준다(이미 살펴보았다). 이것들은 하찮거나 영적으로 상관 없는 것들이 아니다. 많은 사람이 가지고 있는 문제는 이것들의 영적 의미를 망각하는 것이다. 우리는 우리 몸을 제자도와 하나님을 향한 섬김의 일부로 보지 못했다.

유사하게 우리 그리스도인의 삶에도 몸이 상관없다고 생각하는 경향이 있는 영역이 존재한다. 나는 신체적 표현력으로는 별로 잘 알려져 있지 않은 인구 통계 집단인 영국 출신 백인 남자로서 말을 많이 한다. 예를 들어 기도 같은 경우 이를 단지 우리 내적 자아의 문제로 생각하기 쉽다. 몸은 기도할 때 집중할 수 있도록 눈을 감는 정도다. 이렇다 보니 성경이 얼마나 자주 기도를 묘사하면서 몸의 자세에 관해 말하는지를 알면 놀라게 된다. 그 자세는 다양하다.

사람들은 기도 중에 두 손을 들고(시 28:2), 소망으로 눈을 들며(시 121:1), 회개로 눈을 내리깐다(눅 18:13). 다윗은 앉아서 기도했고(삼하 7:18), 바울은 무릎을 꿇고 기도했으며(엡 3:15), 요한은 얼굴을 땅에 대고 엎드려 기도했다(계 1:17). 규정된 자세는 없다. 그러나 이것은 기도 중에 육체가 아무래도 상관없는 것이 아님을 보여 준다. 자세는 우리 마음의 올바른 자세를 표현하거나 장려하는 데 도움을 준다.

  회중 예배도 동일하다. 다시 말하지만 내 경험은 문화적으로 보수적인 영국의 표현력 부족에 의해 형성되었다. 우리는 열정과 기쁨으로 노래하기로 되어 있지만, 암묵적인 규범은 우리 마음과 생각과 입은 노래해도 몸은 단지 서서 노래하는 것 외에 함께 움직이지는 않는 것이다. 이런 생각을 해 가책을 느낀다. 대학 시절 내가 다녔던 교회는 생기 없고 아주 전통적인 교회였다. 몸 동작에는 진심이었지만 그리스도께는 그렇지 않았던 곳이었다. 우리는 예전의 특정 순서에 서거나 허리를 굽히거나 동쪽을 향해 얼굴을 들었다. 목사님은 복음서를 읽기 전 성경에 입맞춤을 하는 것을 매우 중요하게 생각했다. 거기 기록된 메시지를 완전히 믿지는 않는 데 상당히 솔직했지만 말이다. 이는 내게 종교적 연출처럼 느껴지는 것이라면 혐오스러워하는 성향이 생기게 만들었다. 이건 과잉 반응이었다. 문제는 그들이 몸을 사용해 예배하는 것이 아니라, 마음의 태도를 드러내는 방식으로 몸을 사용하지 않고 위선적으로 사용하는 데 있었다. 내가 보였던 과잉 반응은 아기를 목욕물과 함께 버린 태도였다.

  영국처럼 문화적으로 표현을 자제하고 보수적인 나라에서도 남자가 프러포즈할 때 무릎을 꿇는 데는 이유가 있다. 누군가의 손을 잡고 결혼을 청하는 순간은 우리가 경험할 수 있는 가장 공식적인 순간이다. 아주 중요한 순간이다. 이는 경의, 겸손, 청혼받는 사람의 가치, 청혼하는 사람의 추측 없음을 나타내는 표시다. 만약 남자가 두 손을 주머니에 넣고 청혼했다면 무언가 아주 심각하게 잘못된 것이다. 마음과 자세가 일치해야 한다. 우리 몸의 자세가 마음의 자세를 따라오지 못하는 것은 (내가 대학 때 다녔던 교회처럼) 우리 마음의 자세가 몸의 자세를 따라오지 않는 것과 마찬가지로 불협화음이다. 만약 우리가 축구 경기 때 주머니에 손을 넣지 않는다면 교회에서 그렇게 하는 것도 어울리지 않는 듯하다.

  우리가 몸으로 행하는 것은 중요하다. 그리고 우리가 몸으로 행하지 않는 것도 중요하다. 나와 비슷한 배경을 가진 사람들은 성경에 나오는 회중 예배가 우리 교회 예배에 비해 육체로 표현하는 부분이 훨씬 더 많다는 사실을 되돌아볼 필요가 있다. 하나님이 우리에게 다양하게 주신 자연적인 기질을 감안하더라도, 예배 때 우리 몸을 완강히 사용하지 않는 것은 중립적인 것이 아니라 비성경적인 것이다.

10

그분의 영광스러운 몸처럼

몸과 장차 올 부활

마사이 마라(Masai Mara), 그랜드 캐니언, 그레이트 베리어 리프(Great Barrier Reef). 몇 해 전 방영했던 TV쇼에 따르면 이 세 가지는 죽기 전에 꼭 보아야 하는 것이다. 이는 사실 50가지 중 세 가지일 뿐이다. BBC에서 방영했던 "죽기 전에 가 보아야 할 50곳"(50 Places to See Before You Die)은 큰 인기를 끌었을 뿐 아니라 이후 유사한 제목의 책들이 항상 베스트셀러가 되었다.

사실 그 프로그램은 완전히 새로운 장르를 개척했다고 해도 과언이 아니다. 온갖 주제가 이 '죽기 전에' 리스트에 추가되었다. "죽기 전에 해야 할 100가지", 여기에는 문신과 젖소 우유 짜기도 포함되어 있다. "죽기 전에 먹어 보아야 할 100가지", 여기에는 핫도그(손에 쥐기 꽤 쉬운)와 악어(아마 쥐기 어려움) 같은 것이 포함된다. 이 아이디어는 계속 성장하는 산업이 되었다. 수십 종류의 책과 웹 사이트가 채워 넣어야 할 리스트, 들어 볼 앨범, 보아야 할 영화, 그리고 경험해야 할 감각들로 우리를 몰아간다. 리스트는 계속된다.

이 장르의 성공은 우리에게 중요한 무언가를 드러내 준다. 많은 사람이 크게 관심을 쏟는 것이 무엇인지를 부각시킨다. 우리는 너무 늦기 전에 최고의 것을 경험하고 싶어 한다. 이것이 제1세계의 문제다. 우리는 머리 위에 지붕을 올리거나 식탁 위에 음식을 올리는 일로 걱정하지는 않는다. 그러나 인생의 끝에 도달했을 때 그동안 번 돈만큼의 값어치를 얻지 못했다고 느낄까 봐 가장 두려워하는 것처럼 보인다.

「뉴욕타임즈」(New York Times)의 한 글에 따르면 주범 중 하나는 "인스타그램 엔비"(Instagram Envy)다.[1] 주로 사진을 공유하는 사이트의 특징은 사람들이 정말 멋진 사진, 주로 맛있는 음식, 휴가 장면이나 아이들이 귀여운 순간 등을 공유하는 경향이 있다는 것이다. 이 이미지들이 쌓인 결과 우리의 일상은 꽤나 단조롭게 보이게 되었다. 다른 사람들의 삶은 우리 삶보다 더 화려하고 즐겁다는 인상을 받게 된다.

그리고 이 모든 것은 계속 증가하는 병리 현상인 소외되는 두려움(fear of missing out, FOMO, 포모증후군), 즉 옥스퍼드 심리학자

그룹이 연구 주제로 삼을 만큼 만연해진 불안감을 키우고 있다. 우리는 최고의 것을 놓칠까 봐 불안해하며 놓칠지도 모른다는 두려움에 휩싸여 있다. 인생은 짧다. 세계는 넓다. 우리에게 기회는 한 번뿐이다. 성경의 관점은 아주 다르다. 맞다. 세계는 넓다. 맞다. 인생은 짧다. 그러나 이 인생이 전부는 아니다.

우리 인간이 인생을 불편할 정도로 짧게 느낀다는 사실은 흥미로우면서도 시사하는 바가 있다. 충분한 시간이 없다는 것, 우리 평균 수명은 충분하지 않다는 것, 노년에도 죽음이 너무 빨리 온다고 느끼는 것, 이 모두는 인간에게만 해당된다. 우리보다 훨씬 더 수명이 짧은 생물도 있고(초파리는 겨우 몇 주 정도만 우리 곁을 돌아다닌다) 훨씬 더 수명이 긴 생물도 있다(어떤 상어나 고래는 200년을 살기도 한다). 그러나 인생이 짧다고 확고하게 느끼는 존재는 우리가 유일한 것 같다. 내면에서 우리는 무언가가 더 있어야 한다고 느낀다.

욥은 그 특별한 고통 가운데서 이런 느낌을 받았다. 극심한 고통 가운데 앉아 있으면서 죽음 전에는 어떤 위로도 없을 것 같았을 때, 자연에서 발견한 깨달음이 그의 뇌리를 떠나지 않았다.

나무는 희망이 있나니
찍힐지라도 다시 움이 나서
연한 가지가 끊이지 아니하며
그 뿌리가 땅에서 늙고
줄기가 흙에서 죽을지라도
물 기운에 움이 돋고
가지가 뻗어서 새로 심은 것과 같거니와(욥 14:7-9)

이런 예는 자연에 가득하다. 한번은 몇몇 친구를 방문해 내가 좋아하는 원예 식물을 보려 했는데 마침 그 식물을 잘라낸 후였다. 남은 것이라고는 흙 밖으로 조금씩 빠져나온 밑동 몇이 다였다. 그러나 몇 주 후에 다시 방문했을 때 그 식물은 다시 살아나 꽃이 만개해 있었다. 열심히 날아드는 벌들을 위해 성황리에 개장 중이었다.

욥은 나무의 예를 들고 있다. 내가 본 남은 밑동으로도 치환해 볼 수 있을 것이다. 확실한 죽음이라도 사실 끝이 아니다. 새로운 싹이 날 수 있다. 시간이 지나면서 많은 싹과 줄기가 올라올 것이다. 나무에게는 소망이 있다. 그러나 사람은 그렇지 않은 것처럼 보인다.

> 물이 바다에서 줄어들고
> 강물이 잦아서 마름 같이
> 사람이 누우면 다시 일어나지 못하고
> 하늘이 없어지기까지 눈을 뜨지 못하며
> 잠을 깨지 못하느니라(욥 14:11-12)

당혹스러운 통찰이다. 자연에서는 죽은 것 같아도 생명으로 돌아오는 예를 수없이 찾아볼 수 있는데 인간은 죽고 나면 끝이란 사실이 욥에게는 받아들이기 힘든 진리다. 우리 주변의 자연계는 부활의 소문으로 가득하다. 욥은 뭔가 더 있어야 한다는 감각을 가질 수밖에 없었다. 욥이 제한적으로만 이해하고 소망했던 것을 신약은 훨씬 더 상세하게 제시해 준다.

나는 캠핑을 그다지 좋아하지 않는다. 공평하게 말하면, 나는 캠핑을 야외에서 잠을 자기에 좋은 기후로는 거의 언급되지 않는 스코틀랜드에서 딱 한 번 제대로 해 봤다. 나는 당장 내가 등에 짊어질 수 있는 숙박 시설에 회의를 느낀다. 어떤 경우든 나에게 휴가란 집에서 누렸던 일상보다 덜 편안한 삶을 찾아 떠나는 것이 아니다. 집에서 누릴 수 있는 온수 목욕과 에어컨, 그리고 침대를 두고 떠나는 것은 다운그레이드지 업그레이드가 아니다. 사도 바울도 이에 동의하는 것 같다.

만일 땅에 있는 우리의 장막 집이 무너지면 하나님께서 지으신 집 곧 손으로 지은 것이 아니요 하늘에 있는 영원한 집이 우리에게 있는 줄 아느니라 참으로 우리가 여기 있어 탄식하며 하늘로부터 오는 우리 처소로 덧입기를 간절히 사모하노라 이렇게 입음은 우리가 벗은 자들로 발견되지 않으려 함이라 참으로 이 장막에 있는 우리가 짐진 것 같이 탄식하는 것은 벗고자 함이 아니요 오히려 덧입고자 함이니 죽을 것이 생명에 삼킨 바 되게 하려 함이라

(고후 5:1-4)

바울은 텐트로 익숙한 사람이었다. 텐트 제작자였으니 말이다. 그는 텐트가 어떤 일을 할 수 있고 어떤 일을 할 수 없는지 잘 알았다. 바울은 여기서 텐트로 예를 들어 이 시대를 살아가는 우리 육신의 삶을 설명한다. 여기서 우리가 살아가는 이 몸의 "장막"에 대해 바울이 무어라 말하는지 눈여겨보라. 그것은 무너질 수 있다. 그리고 취약하다. 바울은 이 사실을 알고 있었다. 그의 몸은 가혹한 사역과 맞닥뜨려야 했던 반대들로 이미 무너진 상태였다. 바울은 이 텐트가 잠깐 있는 것임을 알았다. 영원한 것이 아니다. 우리가 이 텐트로 무슨 일을 하더라도 이 사실은 바꿀 수 없다. 최대한 할 수 있는 것은 수명을 늘

리는 것뿐이다. 그러나 죽음은 미룰 수 있을지라도 결코 피할 수는 없다. 우리 몸은 죽는다.

그러나 이 피할 수 없는 죽음은 하나님이 약속하신 장차 올 삶과는 대조를 이룬다. 이곳의 삶은 취약하고 잠깐 있는 텐트에 사는 것과 같지만 하나님은 우리에게 "집"을 약속하신다. 그것은 "손으로 지은 것이 아니요 하늘에 있는 영원한 집"이다. 우리는 텐트에서 집으로, 탄식과 무거운 짐이 가득한 삶에서 충만함으로, 덜 입는 옷에서 덧입는 옷으로 옮기게 된다. 이 표현들은 틀림없는 한 방향을 가리키고 있다. 바로 장차 올 삶은 이곳에서의 삶보다 더 실재적일 것이다.

우리는 종종 장차 올 삶을 모호한 형태의 어떤 비물질적 존재로 살게 되리라는 오해 아래서 수고한다. 이미지를 그려 본다면 뭔가 영혼이 유령처럼 떠다니는 것이다. 그러나 성경이 우리에게 보여 주는 비전은 유령 같은 것이 아니라 육체적인 것이다. 그리고 예수님의 부활이 다가올 육체적인 삶의 증거이자 모형이 된다. 성경은 예수님이 죽으신 후에 그분의 몸에 어떤 일이 일어났는지 명확히 말해 준다.

> 내가 받은 것을 먼저 너희에게 전하였노니 이는 성경대로 그리스도께서 우리 죄를 위하여 죽으시고 장사 지낸 바 되

셨다가 성경대로 사흘 만에 다시 살아나사 게바에게 보이
시고 후에 열두 제자에게와(고전 15:3-5)

예수님은 육체적으로 죽으셨다. 그분은 육체적으로 장사되셨다. 그리고 육체적으로 다시 살아나셨다. 예수님은 죽음 후에 새로운 몸을 입은 삶을 경험하셨다. 그 어떤 것도 땅에 버려진 것은 없었다. 예수님의 부활은 그분의 죽음과 마찬가지로 성경에 따라 일어난 일이었다. 항상 이럴 것이었다. 사람들이 예수님의 부활을 어떤 '영적' 사건으로 해석하는 것을 듣기는 어렵지 않다. 죽음 이후 어떤 비물질적인 방법으로 자신의 제자들에게 나타나셨다는 것이다. 그러나 이는 우리에게 주어진 기술(記述)이 아니다. 예수님은 **육체적으로** 부활하셨다. 그분의 육체적인 부활은 우리의 부활을 가리킨다.

그러나 이제 그리스도께서 죽은 자 가운데서 다시 살아나사 잠자는 자들의 첫 열매가 되셨도다(고전 15:20)

예수님의 부활은 고립된 사건이 아니다. 그것은 예수님 뒤를 따를 모든 사람의 부활을 위한 출발 신호탄이었다. 첫 열매는 구체화될 작물을 처음 거둔 분량이다. 농부들에게 첫 열매는

나머지를 수확할 때가 얼마 남지 않았다는 것을 알려 주고 확증해 주는 의미를 가진다. 이 수확분은 더 많은 것이 뒤따라오리라는 것을 말해 준다.

예수님의 부활이 바로 이런 것이다. 그분의 부활은 많은 부활의 첫 열매였다. 이것은 다가오는 시대에 우리에게 약속된 물질적, 육체적 생명이 있음을 의미한다. 바울은 이렇게 설명한다.

> 예수를 죽은 자 가운데서 살리신 이의 영이 너희 안에 거하시면 그리스도 예수를 죽은 자 가운데서 살리신 이가 너희 안에 거하시는 그의 영으로 말미암아 너희 죽을 몸도 살리시리라(롬 8:11)

예수님의 부활은 그분의 백성인 우리의 부활을 확실히 보장한다.

죽음 후에 육체로 부활하는 삶에 대한 약속은 종종 그리스도인들을 놀라게 한다. 많은 사람의 머릿속에는 우리가 죽으면 "천국으로 간다"는 그림이 있다. 그렇다면 실제로 우리에게 어떤 일이 일어날까?

성경은 죽음에 관해 우리가 가질 수 있는 모든 질문에 꼭 답하거나 구체적인 부분까지 모두 제공해 주지 않을지도 모른다. 하지만 우리가 죽으면 어떤 일이 일어나는지에 대해서는 명확한 가르침을 준다. 자신의 삶과 임박한 죽음에 대한 바울의 성찰은 앞으로 일어날 일에 대한 바울 자신의 기대를 우리에게 보여 준다.

> 내가 그 둘 사이에 끼었으니 차라리 세상을 떠나서 그리스도와 함께 있는 것이 훨씬 더 좋은 일이라 그렇게 하고 싶으나 내가 육신으로 있는 것이 너희를 위하여 더 유익하리라(빌 1:23-24)

바울은 죽고 나면 예수님과 함께 있게 될 것을 기대했다. 이는 예수님이 십자가에서 함께 처형당했던 강도에게 하신 약속과도 일치한다. "내가 진실로 네게 이르노니 오늘 네가 나와 함께 낙원에 있으리라"(눅 23:43). 신자는 죽으면 천국에서 그리스도와 함께 있을 것이다. 바울은 이 전망을 이 땅에서 계속되고 풍성한 삶보다도 "훨씬 더 좋은" 것으로 묘사한다. 그리스도는 지금도 우리와 함께하신다. 제자로서 이 땅에서 살아가는 내내 함께하시겠다고 약속하셨다(마 28:20). 그러나 죽음의 순간부터 그분과 함께하게 되는 우리 삶은 그보다 훨씬 더 영광스러울 것이다.

  이 모든 영광에도 불구하고 천국에서 그리스도와 함께하는 것이 우리의 최종 목적지는 아니다. 몸 없이 천국에 존재하는 것은 우리를 향한 하나님의 궁극적인 계획이 아니다. 새 창조의 세계에서 누릴 육체적인 부활의 삶이 우리가 기다리는 것이다. 이미 그리스도 안에서 죽은 이들은 아직 최종 상태에 도달한 것이 아니다. 천국으로 가는 것은 새 하늘과 새 땅의 최종적이고 더 큰 영광이 실현되기 전에 누리는 일시적인 영광이다.

부활한 우리 몸은 어떤 모습일까?

  바울은 이 편지를 쓰면서 이 질문을 예상했다.

> 누가 묻기를 죽은 자들이 어떻게 다시 살아나며 어떠한 몸으로 오느냐 하리니(고전 15:35)

  아마 우리 궁금증은 당연할 것이다. 어떤 모습일지 상상하기 시작하는 순간 온갖 질문이 쏟아진다. 부활한 몸은 몇 살 때의 모습일까? 우리가 죽었을 때의 나이일까, 아니면 모든 사람이 같은 나이일까? 내 몸은 여전히 내가 좋아하지 않는 특징을 가지고 있을까? 아니면 항상 바라던 바로 **그대로**일까?

자연스러운 궁금증들이다. 그러나 걱정하는 것은 어리석은 일이다(바울이 고린도전서 15장 36절의 대답에서 명확히 했던 것처럼. 아래를 보라!). 걱정은 우리를 회의론으로 이끈다. 그리고 우리 상상력의 한계로 완전히 이미지화할 수 없다는 이유만으로 믿지 않는 것은 어리석은 것이다. 바울은 장차 얻을 부활의 몸에 대한 좋은 증거를 제시한다.

> 어리석은 자여 네가 뿌리는 씨가 죽지 않으면 살아나지 못하겠고(고전 15:36)

자연은 명백한 죽음으로부터 나온 삶의 예로 가득하다. 우리는 씨앗을 뿌릴 때마다 그것을 땅에 묻는다. 그것은 상징적 죽음을 겪는다. 그러나 다시 살아난다. 식물이 자란다. 그 성장은 **오직** 먼저 죽었기 때문에 가능하다. 씨앗을 봉지 안에 넣어 둔다면 아무 일도 일어날 수 없다. 먼저 죽어야 한다. 따라서 인간 몸이 땅으로 들어가 다시 새로운 생명으로 나올 것이라는 생각은 보기보다 엉뚱한 생각이 아니다. 씨앗과 같이 우리 몸은 부활하기 위해 먼저 죽어야 한다.

바울은 거기서 멈추지 않는다. 씨앗을 심는 일은 우리에게 보이는 것 이상의 깊은 것이 있다.

> 또 네가 뿌리는 것은 장래의 형체를 뿌리는 것이 아니요 다만 밀이나 다른 것의 알맹이 뿐이로되(고전 15:37)

생각해 보라. 대부분의 씨앗은 결국 자라서 될 식물의 모습과 전혀 닮지 않았다. 만약 당신이 다양한 채소 씨앗을 섞은 후에 보여 준다면, 나는 모양만 보고는 각각 나중에 어떤 채소로 성장할지 거의 말할 수 없을 것이다. 일은 그렇게 작동하지 않는다. 씨앗을 나중에 자랄 모습으로 완전히 변화시킨다. 전후 모습이 완전히 다르다. 농학적 과정 중 한 부분은 이 땅에서 나오는 것은 거기 심긴 것과 전혀 비례하지 않는다. 바울은 이어서 자연 세계를 광각의 관점으로 바라본다.

> 육체는 다 같은 육체가 아니니 하나는 사람의 육체요 하나는 짐승의 육체요 하나는 새의 육체요 하나는 물고기의 육체라 하늘에 속한 형체도 있고 땅에 속한 형체도 있으나 하늘에 속한 것의 영광이 따로 있고 땅에 속한 것의 영광이 따로 있으니 해의 영광이 다르고 달의 영광이 다르며 별의

영광도 다른데 별과 별의 영광이 다르도다(고전 15:39-41)

　자연계의 생명의 다양성과 천상의 세계에서 일어나는 모든 일을 둘러보노라면, 하나님이 만드신 육체의 범위가 놀라울 정도로 넓음이 분명해진다. 그분은 자신의 범위나 능력에 제한받지 않으신다. 어떤 음악가는 아무리 많은 음반을 발표해도 결과물이 모두 똑같이 들린다. 창조 능력에 제한이 있는 것이다. 그러나 하나님은 그렇지 않으시다. 그분의 물리적 상상력에는 한계가 없다. 모든 피조물은 필요한 몸을 가진다. 그리고 각 천체는 고유한 영광을 가진다. 그러니 장차 우리가 누릴 부활의 몸을 창조하시는 것은 하나님께 너무 큰 일이라 생각해서는 안 된다.

　이제까지 바울은 우리 부활의 몸에 대해 의심하지 않도록 좋은 이유들을 제공했다. 그런데 그 몸은 실제 어떤 모습일까? 우리 몸이 어떤 모습일지를 알 수 있는 가장 좋은 방법은 다시 살아나신 그리스도를 보는 것이다. 우리는 예수님이 입고 부활하신 몸과 같은 몸으로 부활할 것이다. 현재 우리의 몸이 아담의 몸에 상응해, 죄의 매개체가 된 것처럼 우리 새로운 몸은 예수님의 부활한 몸에 상응할 것이다.

우리가 흙에 속한 자의 형상을 입은 것 같이 또한 하늘에 속한 이의 형상을 입으리라(고전 15:49)

그는 … 우리의 낮은 몸을 자기 영광의 몸의 형체와 같이 변하게 하시리라(빌 3:21)

부활하신 예수님의 몸에서 볼 수 있었던 것과 동일한 연속성과 차이가 우리 현재 몸과 미래 몸 사이에도 있으리라 기대할 수 있다. 예수님이 부활하셨을 때 그분이 예수님인 것을 여전히 알아볼 수 있었다. 십자가로 인해 얻은 상처를 여전히 가지고 계셨고, 제자들과 함께 전에 그러셨던 것과 동일하게 떡을 떼셨다. 그러나 다른 점도 있었다. 잠긴 문을 통과하고 원하는 대로 나타났다 사라지실 수 있는 것처럼 보였다.[2] 그러니까 우리는 여전히 우리 같을 것이다. 우리인 줄 알아볼 수 있을 것이다. 그러면서도 현재는 없는 능력을 지니게 될 것이다. 바울은 이런 새롭게 달라질 것의 일부를 이야기해 준다.

죽은 자의 부활도 그와 같으니 썩을 것으로 심고 썩지 아니할 것으로 다시 살아나며 욕된 것으로 심고 영광스러운 것으로 다시 살아나며 약한 것으로 심고 강한 것으로 다시 살아나며 육의 몸으로 심고 신령한 몸으로 다시 살아나니 육의 몸이 있은즉 또 영의 몸도 있느니라(고전 15:42-44)

바울은 현재의 몸과 장차 부활할 몸을 대조한다. 현재 우리 몸은 썩어질 것이며 이는 고통스러울 정도로 분명하다. 언제나 젊음을 유지하려는 시도는 항상 다소 측은해 보인다. 현실은 항상 우리를 따라잡을 것이다. 우리는 나이 들고 쇠락해 가지만, 장차 올 몸은 영원할 것이다. 서서히 닳아 없어지지 않을 것이다. 지금 우리 몸은 불명예로 얼룩져 있다. 앞서 보았듯이 우리 몸은 죄로, 우리 자신의 죄와 다른 사람의 죄로 물들어 있다. 여기서 도망칠 수 없다. 그러나 장차 올 몸은 흠 없는 영광을 지닐 것이다. 지금 우리 몸은 약하다. 나는 40대 중반인데 벌써 20년 전에 비해 나이에 따른 한계를 어느 정도 느끼고 있다. 그러나 새로운 몸은 쇠퇴하지 않는 힘을 가지게 될 것이다. 지금 내 몸은 "육의 몸"이다. 이것이 현 세계에 자연스럽다. 그러나 장차 올 몸은 "신령한" 것이다. 육체적이지 않다는 의미가 아니라 하나님이 예비하시는 새 창조에 영광스럽게 들어맞게 되리라는 것이다. 그 몸은 하나님께 영광을 돌리는 완벽한 매개체가 될 것이다.

이것이 우리 미래의 몸을 그토록 아름답게 만드는 것이다.

우리는 어쩌면 부활의 몸이란 들어간 배나 가득한 머리숱을 의미할 것이기에, 불완전한 것들이 바로잡힐 것이기에 그 몸을 대단하다고 생각하고플 수 있다. 그러나 참영광은 우리 미래의 몸이 현재 우리 문화의 미적 기준에 부합하는 방식으로 (적어도 현재 우리 몸보다 나은 형태로) 아름다워질 것이기 때문이 아니라, 도리어 우리 새로운 몸을 통해 예수님을 온전히 섬기고 그분께 영광을 돌릴 수 있게 되기 때문이다. 이 사실이 가장 우리를 흥분시켜야 한다.

 이 모든 것을 아는 것은 현재 우리 삶을 다르게 보게 만든다. 사실 지금 이 몸으로 온갖 축복과 짐을 경험하게 되더라도 그것이 우리가 겪을 전부는 아니다. 그리스도를 통해 우리는 장차 부활할 것을 확신한다. 더 이상 육체적 유혹도 없을 것이고 영적 또는 육체적 연약함도 없을 것이다. 더 이상 수치심이나 고통은 없다. 더 이상 죄는 없다. 더 이상 죽음은 없다. 이 삶의 관점에서 나는 이제 전성기를 지나는 중이다. 그러나 내 최고의 몸의 날들은 실제로 내 뒤가 아니라 앞에 있다. 계속해서 지난 영광을 돌이켜 보며 나이의 제약이 나를 잠식하는 것으로 한탄할 필요가 없다.

 이것이 우리의 소외될까 봐 깊이 느끼는 두려움에 대한 대답이다. 부활의 몸으로 새 창조를 누리는 영원을 바라볼 수 있을 때 더 이상 이 땅의 육체적 삶에서 쾌락을 마지막 한 방울까지 짜내야 한다는 걱정을 할 필요가 전혀 없다. 내가 죽기 전에 보아야 할 곳에 결코 가 보지 못할지도 모른다. 그래도 상관없다. 급할 것 없다. 다른 일들이 더 중요하다. 나는 궁극적으로 아무것도 놓치지 않을 것이다. 나는 미국의 그랜드 캐니언도, 뉴질랜드의 서던 알프스(Southern Alps)도 가 보고 싶다. 하지만 꼭 이 세상의 쾌락을 좇아 살 필요는 없다.

당신은 어쩌면 만성 통증을 앓고 있을지도 모르겠다. 나로서는 그 아픔이 얼마나 힘들지 상상이 안 된다. 이 땅에서 살면서 평안하리라는 소망이 없을지도 모른다. 그러나 이 삶이 전부가 아니다. 내가 아는 한 남자는 거의 매 순간 심각한 편두통으로 고통당하고 있다. 편안한 적은 거의 없고 아무리 치료해도 효과가 없어 보인다. 그러나 그는 그리스도를 믿는 믿음으로 장차 올 육신의 삶에는 이런 끊임없는 고통이 없으리라 확신할 수 있다. 또 다른 참 좋은 그리스도인 조니 에릭슨 타다(Joni Eareckson Tada)를 생각한다. 그녀는 17살 때 당한 다이빙 사고로 목 아래 전신이 마비되었고 휠체어에서 평생을 지내게 되었다. 70세가 넘은 지금 그녀는 새로운 부활의 몸을 입게 되었을 때 가장 먼저 하고 싶은 일은 그리스도 앞에 무릎을 꿇고 그분께 예배하는 것이라고 말한다.

내 취미 중 하나는 시간이 날 때면 영국의 작은 마을을 따라 산책을 하면서 지역 교회 묘지에 있는 비석들을 살펴보는 것이다. 나는 마침 며칠 전 할머니 묘의 새로운 묘비를 보러 산책을 했다. 할머니의 묘비는 눈에 띄게 깨끗했다. 그 주변의 묘비들은 기울어지고 부서져 있었다. 묘 위는 온갖 잡초가 가득했다. 주변 대다수 비문은 읽을 수 없을 정도로 닳아 있었다. 그러나 여전히 상당수는 읽는 것이 가능했다.

특정 시대의 묘비에 나타나는 단어 중 하나가 라틴어 "레수르감"(*Resurgam*)이다(『제인 에어』[*Jane Eyre*]에서 어떤 사람의 무덤에 적힌 것으로도 나온다). "나는 다시 일어날 것이다"라는 뜻이다. 도전적이고 확신에 찬 메시지다. 무덤은 우리의 행선지일 수는 있어도 운명은 아니다. 장차 올 부활의 삶이 있다. 항공사 용어로 이곳은 환승 라운지와 같다. 우리 여정 중간에 잠깐 기다리는 장소지 최종 목적지는 아니다. 우리 각자에게 그곳이 어디든 그곳에 얼마나 있게 되든 우리는 말할 수 있다. "나는 다시 일어날 것이다."

죽음은 더 이상 예전 같은 위협이 아니다. 죽음은 그리스도 안에서 패했다. 노화의 징후는 더 이상 위협이 아니라 약속이다. 흰머리와 내 얼굴의 깊어지는 주름은 내게 되돌릴 수 없는 과거가 아니라 상상도 안 되는 미래에 대해 말해 주는 것들이다. 참 영광스러운 날들은 내 뒤에 있지 않고 앞에 있다.

시인인 조지 허버트(George Herbert)는 이렇게 말했다. "죽음은 한때 사형 집행수였으나, 복음이 그를 정원사로 만들었네."[3] 우리는 그리스도인을 장사 지내는 것이 아니다. 심는 것이다. 때가 되면 완전한 몸의 영광으로 부활할 것이다. 마지막 말은 C. S. 루이스에게 돌아가야 할 것 같다.

우리가 지금 가진 이 작고 썩어질 몸은 초등학교 남학생에게 조랑말이 주어진 것처럼 우리에게 주어졌다. 우리는 관리하는 법을 배워야 한다. 때가 되면 말로부터 자유로워질 것이기 때문이 아니라 안장 없이 자신감과 기쁨에 차서, 더 높이 오르고 날개가 달린, 빛나고 세상을 뒤흔드는 말을 탈 것이기 때문이다. 어쩌면 지금도 왕의 마구간에서 조바심 내고 발 구르며 투레질하며 우리를 기다리고 있을지 모른다.[4]

감사의 말

이 프로젝트는 약 3년 전쯤 영국 더럼 카운티의 신클리프에 있는 로 가족의 집에서 시작되었다. 프로젝트의 대부분은 코비드-19로 봉쇄되었던 2020년 늦은 봄과 여름에 바로 그 집에서 완성되었다. 저는 언제나처럼 여러분의 친절에 감사하며 어안이 벙벙할 따름입니다. 고마워요. 여러분의 집은 글 쓰고 생각하기에, 그리고 매력덩어리 대자 네드 덕분에 글 쓰고 생각하기를 방해받기에 최적의 집입니다.

나는 이 주제로 여러 곳에서 가르칠 수 있는 기회를 얻었다. 특별히 메이든헤드의 세인트 메리 교회, 덴턴의 빌리지 교회, 볼티모어의 크루 겨울 수련회에 감사드린다. 거기서 나눈 교제들과 정직한 생각들이 굉장히 큰 도움이 되었다.

출판 과정에서 이 책과 작업이 더딘 이 저자를 돌봐 준 크로스웨이 팀에 감사를 전하고, 특별히 신뢰할 만한 편집자인 리디아 브라운백에게 감사한다. 오스틴 윌슨을 문학 에이전트로서 꾸준히 귀중하다.

여러 친구가 이 책을 읽어 주고 가치를 따질 수 없는 피드백으로 큰 도움을 주었다. 특별히 레베카 매클로플린, 해리슨 엘킨스, 루 필립스, 그리고 라이언 스프래그에게 여러분의 통찰력과 제안과 격려에 감사합니다.

마지막으로 이 책을 헌정한 이매뉴얼 내슈빌에 있는 장로들과 교회 식구들에게, 놀랍도록 신실한 복음 공동체가 되어 주어서 감사합니다. 여러분 가운데서 섬기게 되어 영광입니다. 내가 가장 좋아하는 영화인 "해리가 샐리를 만났을 때"(When Harry Met Sally)의 클라이맥스에서 해리가 정신을 차린 후 샐리에게 한 행사 중간에 불쑥 말하죠. "남은 인생을 보내고 싶은 사람을 만난다면 그 남은 인생이 가능한 한 빨리 시작되기를 원할 거야."[1] 내가 여러분을 향해 느끼는 마음이 이렇습니다. 정직, 안전, 기쁨, 섬김, 서로를 존중하는 문화를 지켜 주셔서 감사합니다. 특별히 레이 오틀런드 목사님과 T. J. 팀스 목사님이 수많은 방식으로 격려해 주신 것에 감사합니다. 레이의 서재에서 두 분과 함께했던 시간은 지난해의 하이라이트였습니다. 형제들이여, 사랑합니다.

01. 오묘하고 놀랍게 만드시다: 몸과 창조주

1) C. S. Lewis, *Mere Christianity* (1952; repr. New York: HarperCollins, 2001), 98. (『순전한 기독교』, 홍성사)
2) C. S. Lewis, *That Hideous Strength* (1945; repr., New York: Scribner, 2003), 170. (『그 가공할 힘』, 홍성사)
3) Earnest Cline, *Ready Player One* (New York: Crown, 2011), 57.
4) Thomas Page McBee, "Until I Was a Man, I Had No Idea How Good Men Had It at Work", accessed November 5, 2020, https://getpocket.com/explore/item/until-i-was-a-man-i-had-no-idea-how-good-men-had-it-at-work?utm_source=pocket-newt.
5) 이에 대해 관심을 갖게 해 준 내 친구 베서니 젱킨스(Bethany Jenkins)에게 감사한다.
6) Zack Eswine, *Sensing Jesus: Life and Ministry as a Human Being* (Wheaton, IL: Crossway, 2012), 186.
7) Eswine, *Sensing Jesus*, 183.
8) Eswine, *Sensing Jesus*, 186.

02. 사람은 외모를 본다: 몸과 정체성

1) Andrew Wilson, "Ink and Identity," *Think* website, June 17, 2015, http://thinktheology.co.kr/blog/article/ink_and_identity.
2) H. Wheeler Robinson, in Paula Gooder, *Body: Biblical Spirituality for the Whole Person* (London: SPCK, 2016), 34.
3) Carl Trueman, "The Triumph of the Social Scientific Method," *First Things*, June 15, 2020, https://www.firstthings.com/web-exclusives/2020/06/the-triumph-of-the-social-scientific-method.

4) Gooder, *Body*, 41.
5) Gooder, *Body*, 32-41을 보라.
6) Sherif Girgis, Ryan T. Anderson, and Robert P. George, *What Is Marriage?: Man and Woman: A Defense* (New York: Encoutner, 2012), 24. 강조는 원저자.
7) "만약 어떤 사람이 당신의 자동차를 망가뜨렸다면 그는 당신의 재산을 파괴한 것이다. 그러나 당신의 다리를 긁었다면 그는 **당신**에게 해를 입힌 것이다." Girgis 외, *What Is Marriage?*, 24.
8) Girgis 외, *What Is Marriage?*, 24.
9) Alastair Roberts, "The Music and Meaning of Male and Female," *Primer* 03, Gender and Sexuality (Market Harborough, UK: Fellowship of Independent Evangelical Churches, 2016), 41.
10) 이는 Matthew Lee Anderson, *Earthen Vessels: Why Our Bodies Matter to Our Faith* (Bloomington, MI: Bethany House), 92의 관찰에 근거한 것이다.
11) Peter J. Leithart, *The Baptized Body* (Moscow, ID: Canon Press, 2007), 5.
12) N. T. Wright, *Creation, Power and Truth: The Gospel in a World of Cultural Confusion* (London: SPCK, 2013), 9.
13) Wright, *Creation, Power and Truth*.
14) 아틸라는 5세기 훈족의 왕이며, 낸시 펠로시는 사상 첫 여성 미연방 하원의장을 역임한 정치인.—옮긴이 주
15) Trueman, "The Triumph of the Social Scientific Method."
16) Michael Jensen, *You: An Introduction* (Sydney, AU: Matthias Media, 2008), 51.

03. 남자와 여자를 창조하시고: 몸과 생물학적 성

1) 일반적으로 성(sex)은 남성과 여성을 정의하는 생물학적 생리학적 특성을, 젠더(gender)는 한 사회에서 남성과 여성에게 적합하다고 간주하는 사회적 역할, 행동, 특성을 지칭한다. 전자는 성을 생물학적 차이로 구분하며(생물학적 성), 후자는 생물학적 차이보다 사회 문화적 구성물로 보는 용어다(사회적 성). —옮긴이 주
2) 여성 동성애자(lesbian), 남성 동성애자(gay), 양성애자(bisexual)을 지칭하는 약어—옮긴이 주
3) 영어 성경은 창 1:27에서는 'male/female', 창 2:24-25에서는 'man/woman'으로 구분하고 있으나, 한국어 성경은 모두 '남자/여자'로 표기해 차이가 드러나지 않는다. —옮긴이 주
4) Rob Smith, "Responding to the Transgender Revolution," *The Gospel Coalition* website, accessed July 3, 2020, https://www.thegospelcoalition.org/article/responding-to-the-transgender-revolution/.
5) 창세기 1장 창조 기사에 등장하는 짝들은 우연이 아니다. 온갖 짝이 등장한다. 하늘과 땅, 빛과 어둠, 해와 달. 그리고 이 남성-여성 짝은 온 창조 이야기의 절정에 해당한다.
6) 앤드루 윌슨의 이 관찰에 나는 매우 감사한다.
7) Smith, "Responding to the Transgender Revolution."
8) Alastair Roberts, "The Music and Meaning of Male and Female," *Primer* 03, Gender and Sexuality (Market Harborough, UK: Fellowship of Independent Evangelical Churches, 2016), 29.
9) Ray Ortlund, Jr., *Marriage and the Mystery of the Gospel* (Wheaton, IL: Crossway, 2016), 17. (『결혼과 복음의 신비』, 부흥과개혁사)
10) Roberts, "The Music and Meaning of Male and Female," 30.
11) Ray Ortlund Jr., "Male-Female Equality and Male Headship," in *Recovering Biblical Manhood and Womanhood; A Response to Evangelical Feminism*, ed.

John Piper and Wayne Grudem (Wheaton, IL: Crossway, 2012), 97.
12) Ortlund, *Marriage and the Mystery of the Gospel*, 18.
13) Tim Keller, "The Bible and Same Sex Relationship: A Review Article," accessed December 22, 2016, http://www.redeemer.com/redeemer-report/article/the_bible_and_same_sex_relationships_a_review_article.

04. 하나님이 사람을 만드시다: 몸과 젠더

1) 여기서 "돕는 배필"이라는 말에 비하하는 어떤 의미도 없다는 점은 지적할 가치가 있다. 이 말은 또한 성경에서 하나님이 우리에게 조력하시는지를 묘사하는 데도 사용된다.
2) 이 문단에 대한 젠 윌킨(Jen Wilkin)의 관찰에 감사한다.
3) C. S. Lewis, "Priestesses in the Church?," in C. S. Lewis, *God in the Dock*(Grand Rapids, MI: Eerdmans, 1970), 260. (『피고석의 하나님』, 홍성사)
4) C. S. Lewis, *Perelandra* (1943; repr., London: HarperCollins, 2005), 253. (『페렐란드라』, 홍성사)
5) Timothy Keller with Kathy Keller, *The Meaning of Marriage: Facing the Complexities of Marriage with the Wisdom of God* (New York: Dutton, 2011), 200. (『팀 켈러, 결혼을 말하다』, 두란노)
6) Jen Wilkin, "General Session 2," Advance 2017 conference, hosted by Acts29 US Southeast, accessed June 28, 2020, https://vimeo.com/243476316.
7) Angus MacLeay, *Teaching 1 Timothy: From Text to Message* (Ross-Shire, UK: Christian Focus, 2012), 99.
8) Sam Andreades, *Engendered: God's Gift of Gender Difference in Relationship* (Wooster, OH: Weaver, 2015), 132. 강조는 원저자.
9) Eric Metaxas가 *Seven Women and the Secret of Their Greatness* (Nashville:

Thomas Nelson, 2015), xviii–xix에서 보여 준 관찰을 보라.
10) G. K. Chesterton, "Comparisons," *Poetry Nook* website, accessed December 1, 2020, https://www.poetrynook.com/poem/comparisons-4.

05. 허무에 굴복하다: 몸, 고통, 그리고 수치

1) J. R. R. Tolkien, *The Lord of the Rings* (London: Allen&Unwin, 1954). (『반지의 제왕』, arte)
2) Michael J. Fox, *Lucky Man: A Memoir* (London: Ebury Press, 2002), 4. (『Lucky Man』, 럭스미디어)
3) Matthew Lee Anderson, *Earthen Vessels: Why Our Bodies Matter to Our Faith* (Bloomington, MI: Bethany House, 2011), 88.
4) 몸매, 체격, 외모 등을 이유로 누군가를 비난하는 것—옮긴이 주

06. 죄로 인해 몸이 죽다: 몸, 죄, 그리고 죽음

1) 이런 이유는 NIV는 "육체"에 대한 언급을 "죄악 된 본성"으로 번역하는 경향이 있다. Douglas Moo의 설명을 참고하라. Douglas J. Moo, *Encoutnering the Book of Romans: A Theological Survey* (Grand Rapids, MI: Baker Academic, 2002), 127. (『로마서의 신학적 강해』, 크리스챤출판사)
2) Gordon D. Fee, *The First Epistle to the Corinthians*, New International Commentary on the New Testament (Grand Rapids, MI: Eerdmans, 1987), 259–60. (『NICNT 고린도전서』, 부흥과개혁사)
3) Roy E. Ciampa and Brian S. Rosner, *The First Letter to the Corinthians*, Pillar New Testament Commentary (Grand Rapids, MI: Eerdmans, 2010), 264.
4) Matthew McCullough, *Remember Death: The Surprising Path to Living Hope*

(Wheaton, IL: Crossway, 2018), 19.
5) McCullough, *Remember Death*, 35.
6) *The Beach*, John Hodge 대본, Alex Garland 원작 소설, Figment Films, 2000.
7) *The Beach*.
8) McCullough, *Remember Death*, 36.
9) C. S. Lewis, *That Hideous Strength* (1945; repr., New York: Scribner, 2003), 241.
10) Bill Bryson, *The Body: A Guide for Occupants* (London: Doubleday, 2019), 9. (『바디』, 까치)
11) Timothy Keller, *On Death (How to Find God)* (New York: Penguin, 2020), 3. (『죽음에 관하여』, 두란노)
12) Bryson, *The Body*, 12.

07. 나를 위해 준비하신 몸: 예수님의 깨어진 몸

1) Dane C. Ortlund, *Gentle and Lowly: The Heart of Christ for Sinners and Sufferers* (Wheaton, IL: Crossway, 2020), 47.
2) Ortlund, *Gentle and Lowly*, 49.
3) Timothy Keller and Kathy Keller, *The Meaning of Marriage: A Couple's Devotional* (New York: Viking, 2019), 282.
4) Keller and Keller, *Meaning of Marriage*, 282.
5) 영어 성경에는 반드시 일어날 것을 의미하는 'must'가 포함되어 있다.—옮긴이 주
6) Ortlund, *Gentle and Lowly*, 212.

08. 성령의 전: 몸과 그리스도

1) Roy E. Ciampa and Brian S. Rosner, *The First Letter to the Corinthians*, Pillar New Testament Commentary (Grand Rapids, MI: Eerdmans, 2010), 428.
2) 프랑스 게임으로 우리나라의 구슬치기와 유사하다.—옮긴이 주
3) Ciampa and Rosner, *First Letter to the Corinthians*, 254.
4) 'member'는 '몸의 일부, 지체(肢體)'를 뜻하기도, '집단에 속한 사람, 회원'을 뜻하기도 한다.—옮긴이 주
5) Kevin DeYoung, *The Hole in Our Holiness: Filling the Gap between Gospel Passion and the Pursuit of Godliness* (Wheaton, IL: Crossway, 2012), 112. (『그리스도인의 구멍 난 거룩』, 생명의말씀사)

09. 산 제물로 살기: 몸과 제자도

1) 예를 들어 다음을 보라. the commentary in Roy E. Ciampa and Brian S. Rosner, *The First Letter to the Corinthians*, Pillar New Testament Commentary (Leicester, UK: Apollos, 2010), 218.
2) Kevin DeYoung, "But What about Gluttony!?!," *The Gospel Coalition* website, April 24, 2014, https://www.thegospelcoalition.org/blogs/kevin-deyoung/but-what-about-gluttony/.
3) 레이 오틀런드가 이 사실을 지적해 준 것에 감사한다.
4) Ciampa and Rosner, *First Letter to the Corinthians* (Leicester, UK: Apollos, 2010), 439-40.
5) John Stott, *The Message of Romans* (Nottingham, UK: InterVarsity Press, 1994), 322. (『로마서』, IVP)
6) 그리스 신화에 나오는, 여신 아프로디테의 사랑을 받았던 미소년—옮긴이 주
7) Stott, *Message of Romans*, 322.

10. 그분의 영광스러운 몸처럼: 몸과 장차 올 부활

1) Alex Williams, "The Agony of Instagram," *New York Times*, December 15, 2013, https://www.nytimes.com/2013/12/15/fashion/instagram.html.
2) 요 20:26; 21:1; 눅 24:31.
3) Timothy Keller, *On Death (How to Find God)* (New York: Penguin, 2020), 72에서 재인용.
4) C. S. Lewis, *Miracles: A Preliminary Study* (1947; repr., New York: HarperCollins, 2001), 266. (『기적』, 홍성사)

감사의 말

1) *When Harry Met Sally*, directed and produced by Rob Reiner, Castle Rock Entertainment, July 14, 1989.

사명선언문

너희가 흠이 없고 순전하여……세상에서 그들 가운데 빛들로
나타내며 생명의 말씀을 밝혀 _ 빌 2:15-16

1. 생명을 담겠습니다
만드는 책에 주님 주신 생명을 담겠습니다.
그 책으로 복음을 선포하겠습니다.

2. 말씀을 밝히겠습니다
생명의 근본은 말씀입니다.
말씀을 밝혀 성도와 교회의 성장을 돕겠습니다.

3. 빛이 되겠습니다
시대와 영혼의 어두움을 밝혀 주님 앞으로 이끄는
빛이 되는 책을 만들겠습니다.

4. 순전히 행하겠습니다
책을 만들고 전하는 일과 경영하는 일에 부끄러움이 없는
정직함으로 행하겠습니다.

5. 끝까지 전파하겠습니다
모든 사람에게, 땅 끝까지, 주님 오시는 그날까지
복음을 전하는 사명을 다하겠습니다.

서점 안내

광화문점 서울시 종로구 새문안로 69 구세군회관 1층
02)737-2288 / 02)737-4623(F)

강남점 서울시 서초구 신반포로 177 반포쇼핑타운 3동 2층
02)595-1211 / 02)595-3549(F)

구로점 서울시 동작구 시흥대로 602, 3층 302호
02)858-8744 / 02)838-0653(F)

노원점 서울시 노원구 동일로 1366 삼봉빌딩 지하 1층
02)938-7979 / 02)3391-6169(F)

일산점 경기도 고양시 일산서구 중앙로 1391 레이크타운 지하 1층
031)916-8787 / 031)916-8788(F)

의정부점 경기도 의정부시 청사로47번길 12 성산타워 3층
031)845-0600 / 031)852-6930(F)

인터넷서점 www.lifebook.co.kr